Nuestra enfermedad

Timothy Snyder

Nuestra enfermedad

Lecciones de libertad en un diario de hospital

Traducción de
María Luisa Rodríguez Tapia

Galaxia Gutenberg

También disponible en eBook

Edición al cuidado de María Cifuentes

Título de la edición original: *Our Malady. Lessons in Liberty from a Hospital Diary*
Traducción del inglés: María Luisa Rodríguez Tapia

Publicado por
Galaxia Gutenberg, S.L.
Av. Diagonal, 361, 2.º 1.ª
08037-Barcelona
info@galaxiagutenberg.com
www.galaxiagutenberg.com

Primera edición: octubre de 2020

Preimpresión: Maria Garcia
Impresión y encuadernación: Romanyà-Valls
Pl. Verdaguer, 1 Capellades-Barcelona
Depósito legal: B 17885-2020
ISBN: 978-84-18218-77-4

Ahora vemos oscuramente por medio de un espejo, pero entonces veremos cara a cara. Ahora conozco en parte, pero entonces conoceré plenamente, así como fui conocido.

1 Corintios, 13:12

Índice

Nuestra enfermedad

Prólogo

Soledad y solidaridad

Cuando me admitieron en urgencias, a medianoche, utilicé la palabra *malestar* para describirle al médico cómo me encontraba. Me dolía la cabeza, sentía hormigueo en las manos y los pies, tosía y casi no podía moverme. De vez en cuando, tenía escalofríos. El día que acababa de comenzar, el 29 de diciembre de 2019, podría haber sido el último para mí. Tenía un absceso del tamaño de una pelota de béisbol en el hígado, y la infección se había extendido a la sangre. En aquel momento no sabía todo eso, pero sí que me estaba pasando algo muy grave. «Malestar», claro está, significa debilidad y cansancio, la sensación de que todo va mal y no hay nada que hacer.

Malestar es lo que sentimos cuando tenemos una enfermedad. *Malaise* (malestar) y *malady* (enfermedad) son palabras muy antiguas, procedentes del francés y el latín, que se utilizan en inglés desde hace cientos de años; en la época de la independencia de Estados Unidos, significaban al mismo tiempo enfermedad y tiranía.

Tras la masacre de Boston, varios bostonianos prominentes escribieron una carta en la que reclamaban el fin de «la enfermedad nacional y colonial».[1] Los padres fundadores de Estados Unidos utilizaban *malaise* y *malady* tanto cuando hablaban de su propia salud como de la salud de la república que habían creado. Este libro habla de una enfermedad; no la que he sufrido yo, aunque me ayudó a descubrir la otra, sino la que padecemos todos los estadounidenses: «Nuestra enfermedad pública», en palabras de James Madison.[2] Esa enfermedad nuestra incluye la dolencia física y la perversidad política que la rodea. Sufrimos una afección que nos cuesta libertad y una falta de libertad que nos cuesta salud. Nuestra política se ocupa demasiado de la maldición del dolor y demasiado poco de las bendiciones de la libertad.

Cuando enfermé a finales de 2019, hacía tiempo que estaba reflexionando sobre la idea de libertad. Como historiador, llevaba veinte años escribiendo sobre las atrocidades del siglo XX: la limpieza étnica, el Holocausto nazi y el terror soviético, entre otras. Recientemente había reflexionado y hablado sobre el hecho de que la historia nos defiende de la tiranía hoy y salvaguarda la libertad para el futuro. La última vez que comparecí en público, pronuncié una conferencia sobre cómo hacer de Estados Unidos un país libre.[3] Esa tarde me encontraba muy mal, pero cumplí mi compromiso y luego me fui al hospital. Lo que sucedió a continuación me ha ayudado a reflexionar más a fondo sobre la libertad y sobre Estados Unidos.

Cuando me puse ante el atril en Múnich, el 3 de diciembre de 2019, tenía apendicitis. Los médicos alemanes no se dieron cuenta. Mi apéndice reventó, y la infección llegó al hígado. Los médicos estadounidenses lo pasaron por alto. Así fue como acabé en las urgencias de un hospital de New Haven, Connecticut, el 29 de diciembre, con las bacterias inundando mi torrente sanguíneo, mientras seguía pensando en la libertad. En cinco hospitales, durante tres meses, entre diciembre de 2019 y marzo de 2020, tomé notas e hice bocetos. La conexión entre la libertad y la salud era fácil de comprender cuando no podía mover el cuerpo a voluntad y lo tenía conectado a bolsas y sondas.

Cuando miro las páginas de mis diarios de hospital, manchadas de solución salina, alcohol y sangre, veo que las partes de New Haven, escritas en los últimos días del año, tratan de las poderosas emociones que me salvaron cuando estaba cerca de la muerte. Una rabia intensa y una suave empatía me sostuvieron y me empujaron a volver a reflexionar sobre la libertad. Las primeras palabras que escribí en New Haven fueron «solo rabia, rabia solitaria». Nunca he sentido nada más claro e intenso que esa rabia en plena enfermedad mortal. Me invadía en el hospital de noche y me proporcionaba una antorcha que se encendía en medio de una oscuridad como no había conocido jamás.

El 29 de diciembre, después de diecisiete horas en urgencias, me operaron el hígado. Tendido boca arriba en la cama, en la madrugada del 30 de diciembre, con los brazos y el pecho conectados a vías y sondas, no podía cerrar los puños, pero imaginé que lo hacía. No podía incorporarme apoyándome en los antebrazos, pero me vi haciéndolo. Era otro paciente más en otra planta de hospital más, con otros órganos más que estaban fallando, con otros vasos más llenos de sangre infectada. Pero no me sentía así. Me sentía como una versión inmovilizada y furiosa de mí mismo.

La rabia era de una pureza bellísima, sin ningún objeto que la mancillara. No estaba enfadado con Dios; aquello no era culpa suya. No estaba enfadado con los médicos y los enfermeros, personas imperfectas en un mundo imperfecto. No estaba enfadado con los peatones que caminaban libremente por la ciudad, fuera de mi habitación de sábanas retorcidas y tubos variados, ni con los repartidores que cerraban sus puertas de golpe, ni con los camioneros que tocaban la bocina. No estaba enfadado con las bacterias que celebraban el botín de mi sangre. Mi rabia no iba dirigida contra nada. Estaba furioso con un mundo en el que yo no estaba.

Estaba furioso, luego existía. La rabia proyectaba una luz que permitía ver mi silueta. «La sombra del solitario es lo extraordinario», escribí enigmáticamente en mi diario. Mis neuronas estaban despertándose. Al día siguiente, 31 de diciembre, mi mente empezó a recuperarse de la septicemia y la sedación. Ya era capaz de pensar durante algo más que unos cuantos segundos. Mi primera reflexión prolongada estuvo dedicada a la singularidad. Nadie había atravesado la vida como yo, tomando las mismas decisiones. Nadie estaba pasando Nochevieja en la misma situación y con las mismas emociones que yo.

Quería que mi furia me sacara de la cama y me llevara a otro año. En mi cabeza veía mi cadáver, su descomposición. La previsibilidad de la putrefacción era horrible. Siempre lo ha sido para todos los que han vivido. Lo que yo quería era la imprevisibilidad, mi propia imprevisibilidad, y mi propio contacto con la imprevisibilidad de otros. Durante varias noches, mi rabia fue mi vida. Estaba aquí y ahora, y yo quería más aquí y más ahora. Tendido en la cama, soñaba con tener unas cuantas semanas más, y después otras semanas más, en las que no sabría qué iba a ser de mi cuerpo ni qué iba a desarrollarse en mi mente, pero sí sabría que la persona que sentía y pensaba era yo. La muerte acabaría mi sentido de cómo podían y debían ser las cosas, de lo posible y lo bello. Y *esa nada*, «esa nada concreta», como escribí en mi diario, era contra lo que estaba furioso.

La rabia me acompañaba solo unos minutos cada vez, y me daba calidez además de luz. Sentía el cuerpo extrañamente frío, a pesar de la fiebre. El día de Nochevieja, en mi cama de hospital, quería que saliera el sol y me llenara la habitación. Quería que me rozara la piel. Después de tres días de temblores, necesitaba un calor que no fuera solo el mío, que se escapaba a través de las delgadas sábanas que se enredaban todo el tiempo entre las vías que me entraban en el pecho y el brazo. El amanecer invernal en Nueva Inglaterra, a través de una gruesa ventana, no es gran cosa; estaba viviendo en símbolos y deseos.

No quería que la antorcha que me ardía en la mente fuera una luz solitaria. Y no lo era. Vino gente a visitarme. Mi mujer levantó el estor y entró el pálido Año Nuevo. Cuando empezaron a llegar otras visitas, traté de imaginar cómo reaccionarían al verme impotente en la cama, pero no lo sabía. Recordé que algunos de los viejos amigos que iban a verme suelen decir que los pacientes que reciben visitas curan mejor. Probablemente tienen razón: la salud depende mucho de estar juntos, en ese sentido y en muchos otros.

Una visita nos ayuda a estar solos. Estar juntos de forma solidaria permite regresar tranquilamente a la soledad. Con el mero hecho de aparecer, mis amigos despertaron recuerdos, cadenas de asociaciones hacia el pasado. Recordé un instante en el que una amiga me explicó esa idea tan pragmática de por qué hay que visitar a los enfermos: años antes, yo había ido a visitarla, cuando era ella la que estaba enferma, y embarazada, en el mismo hospital en el que me encontraba yo ahora. Pensé en sus hijos y en los míos. Estaba empezando a aparecer otro estado de ánimo: una dulce empatía.

La rabia era cosa mía, mi deseo de ser un sonido y no un eco, de componer, y no descomponerme. No era una rabia contra nada, salvo todo el universo y sus leyes de la no vida. Durante una o dos noches, brillé con mi propia luz. Sin embargo, poco a poco y con suavidad, empezó a invadirme otro espíritu, que me sostuvo de forma diferente: el sentimiento de que la vida solo era verdadera vida si no giraba exclusivamente a mi alrededor. Esta actitud, como la rabia, me visitaba cuando estaba solo, cuando no podía hacer casi nada por mí mismo, cuando toda mi sensación de movimiento se limitaba a las imágenes que tenía en la cabeza. En ese estado de ánimo, tenía la impresión de estar en algún tipo de grupo, con otras personas, dando tumbos a través del tiempo. Cuando intenté dibujar el sentimiento en mi diario, el resultado fue una nave desigual y flotante. Ligeramente parecida a una balsa.

Una balsa se puede construir, con tiempo, a partir de distintas piezas. Yo formaba parte de una balsa, y había otros también; íbamos flotando y avanzando juntos a empellones por las mismas aguas, a veces sin esfuerzo, a veces contra las rocas. Si mi tabla se hundía en las profundidades, la balsa volcaría o iría a la deriva. Algunas tablas de la balsa estaban más lejos de la mía, y otras, más cerca. Me recitaba a mí mismo de qué maneras estaban ligadas las vidas de mis hijos a la mía. Lo importante no era que yo fuera un individuo, sino que era *suyo*: *su padre*. Toda su existencia entrañaba la expectativa de mi presencia. Nunca habían dejado de tocarme. Sus tablas siempre habían estado atadas a la mía.

Imaginé las cosas que cambiarían sin mí, empezando por los detalles cotidianos que llenan el calendario mental de un progenitor: entrenamientos de fútbol, deberes de matemáticas, lecturas en voz alta. Comprendí con dolor que mis visiones de mi hijo sin mí y mi hija sin mí eran tan reales como mi vida anterior con ellos. Vi en mi cabeza cómo se desplegaba su futuro sin mí, y luego rebobiné.

Este vago reconocimiento de que mi vida no era mía, esta suave empatía, me alejó de la muerte. El sentimiento de que la vida se compartía empezó con mis hijos pero fue extendiéndose, como una colección desigual de listones de madera para construir la balsa. Avanzaba entre tirones y salpicaduras con todos los que conocía y quería, y todos sufrirían las consecuencias si yo me caía ahora. En este estado de ánimo no me sentía furioso, sino que flotaba a la deriva mientras recordaba, pensaba, empatizaba.

La rabia me ayudó a verme a mí mismo, me ayudó a que el cuerpo y la mente se diferenciaran después de la conmoción. La empatía me situó entre otros. En ese estado, no era tan importante ser especial. Era importante estar dentro de otras personas, en sus recuerdos y expectativas, como un sostén en la configuración de sus vidas, una boya para las travesías difíciles. Si mi vida no era solo mía, mi muerte tampoco era solo mía. Al llegar a ese punto, volví a enfurecerme. No podía ser.

La empatía, aunque totalmente distinta de la rabia, actuaba en conjunción con ella. Cada estado de ánimo revelaba una verdad, un elemento dentro de mí. Ninguno bastaba por sí solo; necesitaba los dos. Necesitaba la antorcha y la balsa, el fuego y el agua, la soledad y la solidaridad, para sanar, para ser libre. Y lo que me ocurrió a mí, sospecho, les ocurre también a otros.

Introducción

Nuestra enfermedad

Si hubiera fallecido, mi muerte habría sido demasiado vulgar, la transformación en una triste estadística. Demasiados estadounidenses perdieron la vida de forma innecesaria en los primeros meses de 2020. Demasiados estadounidenses están muy cerca de la muerte cada mes, a cada instante. Nos han prometido vivir cada vez más, pero lo cierto es que la esperanza de vida en nuestro país se ha paralizado, sin ningún cambio significativo desde hace un lustro. En algunos momentos de estos años, incluso ha disminuido.[1]

El comienzo de la vida en Estados Unidos es aterrador y lleno de incertidumbres. La atención a las embarazadas es increíblemente desigual y deficiente. Es frecuente que las mujeres negras mueran en el parto, igual que sus bebés.[2] La tasa de mortalidad de los recién nacidos de madres afroamericanas es mayor que la de Albania, Kazajistán, China y otros setenta países. Estados

Unidos en su conjunto tiene peor nivel que Bielorrusia, el más soviético de los estados postsoviéticos, y que Bosnia, una complicada creación de las guerras civiles yugoslavas, por no hablar de otros cuarenta países. Ser joven ha perdido su encanto. Si no cambian las cosas, los *millennials* vivirán menos tiempo y gastarán más dinero en asistencia sanitaria que sus padres de la generación X y sus abuelos del *boom*.[3] La flor de la vida ya no es lo que era. Es asombroso el número de hombres blancos de mediana edad que se suicidan y se drogan hasta morir. Y, en los estados del sur, también las mujeres blancas de mediana edad están falleciendo de forma prematura.

Nuestro sistema de medicina como negocio, dominado por los seguros privados, los grupos regionales de hospitales también privados y otros intereses poderosos, se parece cada vez más a un sistema de apuestas ilegales. Nos gustaría pensar que tenemos una sanidad que, de forma secundaria, incluye transferencias de riqueza, pero lo que tenemos, en realidad, son transferencias de riqueza que, de forma secundaria, incluyen cierta asistencia sanitaria.[4] Si nacer no es seguro, y es menos seguro para unos que para otros, es que algo no funciona como es debido. Si los jóvenes adultos tienen que pagar más dinero por la sanidad, pero están peor que las generaciones anteriores, algo no funciona como es debido. Si la gente que siempre creía en su país está suicidándose, algo no funciona como es debido. El propósito de la medicina no es exprimir el máximo beneficio de unos cuerpos enfermos que van a vivir poco tiempo, sino hacer posible que tengan salud y libertad, y que vivan mucho tiempo.

Nuestra enfermedad es específica de Estados Unidos. Morimos más jóvenes que en veintitrés países europeos; morimos más jóvenes que en varios países de Asia (Japón, Corea del Sur, Hong Kong, Singapur, Israel, Líbano); morimos más jóvenes que en varios países de nuestro propio hemisferio (Barbados, Costa Rica, Chile); morimos más jóvenes que en otros países con el mismo pasado colonial británico (Canadá, Australia, Nueva Zelanda). En los gráficos de longevidad, nos adelantan constantemente otros lugares. En 1980, cuando yo tenía diez años, los estadounidenses vivían por término medio un año menos que los habitantes de otros países de riqueza similar. En 2020, a mis cincuenta años, la diferencia en la esperanza de vida ha pasado a ser de cuatro años. No es que otros países sepan más o tengan mejores médicos. Es que poseen mejores sistemas.

La diferencia entre Estados Unidos y otros países ha aumentado en 2020, puesto que ninguna otra democracia ha gestionado la pandemia del coronavirus tan mal como nosotros. En Japón y Alemania, en

Corea del Sur y Austria, y en todos los países ricos y democráticos, los ciudadanos han corrido menos peligro que nosotros porque sus gobiernos los han tratado mejor y porque han tenido mejor acceso a la información y la atención médica. Ya era demasiado fácil morir en Estados Unidos antes de que llegara el nuevo coronavirus. El desastre que ha sido nuestra gestión de la pandemia es el síntoma más reciente de nuestra enfermedad, de una política que proporciona sufrimiento y muerte en vez de salud y seguridad, beneficios para unos pocos en vez de prosperidad para muchos.

El coronavirus debería haberse tomado en serio desde la época de mi hospitalización, que es cuando se documentó. En enero de 2020 deberíamos haber adquirido una prueba para detectar el virus, y así rastrear la nueva enfermedad y limitar su alcance. Se podía haber hecho fácilmente. Otros países mucho más pobres lo hicieron. Todos los estadounidenses infectados del coronavirus deberían haber tenido acceso a camas de hospital y respiradores, y los médicos y enfermeros que los trataban deberían haber tenido suficientes batas y mascarillas. Un virus no es humano, pero es una forma de medir la humanidad. Y no hemos salido bien parados. Ciento cincuenta mil estadounidenses han muerto sin necesidad.

Nuestra enfermedad hace que estemos demasiado familiarizados con las muertes por contaminación, las muertes por opiáceos, las muertes en prisión, los suicidios, las muertes de recién nacidos y, ahora, las fosas comunes para los ancianos. Nuestra enfermedad es mucho más grave de lo que dice cualquier estadística, incluso más grave que una pandemia. Hay razones por las que tenemos vidas más cortas e infelices. Hay razones por las que un presidente pensó que podía mantener a los estadounidenses en la ignorancia durante una pandemia y aprovechar nuestra confusión y nuestro dolor. Nuestra enfermedad nos deja aislados y sin saber adónde acudir cuando sufrimos.

Se supone que Estados Unidos es el país de la libertad, pero la enfermedad y el miedo nos hacen menos libres. Ser libres es ser nosotros mismos, atravesar el mundo de acuerdo con nuestros principios y deseos. Todos tenemos derecho a perseguir la felicidad y dejar nuestra huella. La libertad es imposible cuando estamos demasiado enfermos para pensar en la felicidad y demasiado débiles para perseguirla. Es inalcanzable cuando nos faltan los conocimientos necesarios para tomar decisiones de peso, especialmente sobre la salud.

La palabra *libertad* resulta hipócrita cuando la pronuncian las personas que crean las condiciones que nos vuelven enfermos e impotentes. Si nuestro gobierno federal y nuestra medicina con ánimo de lucro nos quitan salud, también nos están quitando libertad.

La libertad, a veces, es un grito en la oscuridad, una voluntad de seguir adelante, una rabia solitaria. Necesitaba todo eso en mi cama de hospital. Pero una persona que quiere ser libre durante toda su vida necesita también voces tranquilas, visitas amistosas, la confianza en que la enfermedad va a suscitar atención y no abandono. Eso también me ayudó a llegar con vida al nuevo año, nuestro año de la pandemia. Las lecciones que esbozo aquí, nacidas de reflexiones y experiencias que anoté en mis cuadernos de hospital, abordan de qué manera se entrecruzan la soledad y la solidaridad.

La libertad nos afecta a cada uno de nosotros, pero ninguno es libre sin ayuda. Los derechos individuales exigen un esfuerzo común. La Declaración de Independencia de Estados Unidos postula que «todos los hombres fueron creados iguales» y termina con la voluntad de todos sus firmantes de defender ese principio. Un derecho es algo que estamos convencidos que merecemos, pero solo es real en la práctica cuando obligamos a los poderes a reconocerlo.

«La historia íntegra del progreso de la libertad humana –nos recuerda Frederick Douglass– demuestra que todas las concesiones hechas a sus augustas deman-das han nacido de una lucha esforzada».[5] Habrá que luchar para curar nuestra enfermedad. Y la lucha co-mienza cuando afirmamos que la asistencia sanitaria es un derecho humano.

LECCIÓN 1

La asistencia sanitaria es un derecho humano

Estaba en Alemania cuando caí enfermo. En la noche del 3 de diciembre, en Múnich, me admitieron en un hospital con dolores abdominales, y me dieron el alta a la mañana siguiente. El 15 de diciembre, en Connecticut, me ingresaron para hacerme una apendicectomía, y me dieron de alta antes de que pasaran veinticuatro horas. El 23 de diciembre, cuando estaba de vacaciones en Florida, fui al hospital porque sentía hormigueo y entumecimiento en las manos y los pies, pero me dieron de alta al día siguiente. Y entonces empecé a encontrarme peor, con dolor de cabeza y una fatiga cada vez mayor.

El 27 de diciembre decidimos regresar a New Haven. No me había quedado satisfecho con el trato en Florida y preferí irme a casa. Pero fue mi esposa, Marci, la que tuvo que tomar decisiones y ocuparse de todo. En la mañana del 28, hizo el equipaje y preparó a los chicos para emprender el viaje. Yo era un lastre. Después de lavarme los dientes y cada vez que me ponía una prenda de ropa, tenía que acostarme un rato. Marci reservó sillas de ruedas en los aeropuertos y consiguió que llegáramos a nuestro destino.

En el aeropuerto de Fort Myers permanecí en la acera, sentado en la silla de ruedas con los niños al lado, mientras ella devolvía el coche de alquiler. Hoy recuerda el viaje: «Fuiste quedándote sin vida durante todo el vuelo». En el aeropuerto de Hartford me llevó en la silla de ruedas directamente del avión al coche de una amiga y luego esperó con los chicos a que sacaran nuestras maletas. Nuestra amiga no sabía lo que pasaba; me vio en la silla de ruedas, preguntó en polaco «¿qué te han hecho?», y me acomodó en el asiento delantero. Mientras se precipitaba a llevarme a New Haven, me tumbé en horizontal porque así me dolía menos la cabeza.

Me costó entrar en las urgencias del hospital. Tuve que usar otra silla de ruedas para ir del aparcamiento al vestíbulo. Allí me esperaba otra amiga que es médica. Aunque yo no lo sabía entonces, tenía una infección masiva del hígado que estaba filtrándose al torrente sanguíneo. Sufría una afección denominada septicemia y estaba próximo a la muerte. Las enfermeras que controlaban la entrada en urgencias no parecieron tomarme muy en serio, quizá porque no me quejaba o quizá porque mi amiga médica es negra.[1] Había llamado de antemano para decir que me atendieran de inmediato, pero no sirvió de nada.

Después de casi una hora entre la silla de ruedas y una mesa en el vestíbulo, por fin me dejaron entrar. No pasó nada durante un rato, así que reflexioné sobre lo que había visto mientras me tambaleaba desde el vestíbulo hasta la camilla en un cubículo de urgencias. He estado en numerosas urgencias de seis países, así que tengo una idea de cómo son. Como casi todas las urgencias en Estados Unidos, aquellas estaban desbordadas, con camas en los pasillos. En Florida, seis días antes, las había visto todavía más abarrotadas. Esa noche, en New Haven, me sentí afortunado de que me dieran un pequeño rincón para mí solo; no una habitación, sino una especie de cubículo separado por una cortina amarilla de docenas de camas más.

Al cabo de un rato, la cortina empezó a molestarme. Para que se ocupen de uno en urgencias hay que averiguar quiénes forman parte del personal y conseguir llamar la atención de alguno de ellos. Con la cortina cerrada me era imposible ver pasar a la gente, así que era difícil descifrar los colores de los uniformes y las placas identificativas para pedir ayuda. La primera médica que abrió la cortina decidió que lo que me pasaba era que estaba cansado, o quizá tenía la gripe, y me recetó líquidos. Mi amiga, desconcertada, trató de sugerir que tenía algo más grave. «Este hombre está acostumbrado a correr –dijo–, y ahora no puede tenerse en pie». Le explicó a la residente que era mi segunda visita a urgencias en pocos días y que convenía examinarme con algo más de atención. La residente se fue, escéptica, y dejó la cortina medio abierta, lo que me permitió ver a las dos enfermeras que me habían recibido y oír lo que decían al pasar: «¿Quién era esa mujer?». «Ha dicho que era médica». Se referían a mi amiga. Y se rieron. No podía escribirlo en aquel instante, pero lo hice después: aquella noche, el racismo puso en peligro mi vida, igual que pone en peligro las vidas de otros en cada momento de su existencia.

En New Haven, como en el resto del país, las urgencias de los hospitales están llenas por la noche de viejos alcohólicos y jóvenes que han recibido una puñalada o un disparo. Las noches de los sábados son difíciles para los médicos, los enfermeros, los auxiliares y los pacientes. Y esta era una noche de sábado. Mientras intentaba parar mis violentos temblores, me arropé con las sábanas y recordé otra noche de sábado en esas mismas urgencias, una escena que se había desarrollado en el cubículo de al lado.

Unos ocho años antes, había llegado allí con mi mujer, que estaba embarazada, porque se había hecho un mal corte en dos dedos mientras rebanaba pan. Le faltaban dos semanas para salir de cuentas y su coordinación no era tan buena como de costumbre. Oí el grito, corrí escaleras abajo, traté de contener la hemorragia y llamé al número de emergencias. Al equipo de la ambulancia le preocupó claramente que pudiera ser un caso de violencia doméstica. Nos encontraron de rodillas en el suelo de la cocina, con sangre por todas partes, yo sosteniendo la mano de Marci por encima del corazón y explicándole con calma a nuestro hijo de dos años lo que estaba pasando. Al vernos en esa posición, los paramédicos entraron muy despacio e hicieron varias preguntas en un tono ensayado y controlado. En la ambulancia, con mi esposa, los sanitarios se relajaron y dijeron que teníamos un hijo muy mono. Yo esperé en casa con él a que llegaran unos amigos que se lo iban a llevar a pasar la noche con ellos, y luego fui a urgencias a estar con Marci. Esperamos varias horas a que la viera un especialista, al parecer porque algunos cirujanos plásticos no querían ir a urgencias un sábado por la noche. El nuestro se mostró aliviado al ver que no se había amputado los dedos, que era lo que esperaba ver dadas las circunstancias. Cuando salimos, nos dimos cuenta de que mi mujer se había dejado un pañuelo colgado de la esquina de la cama. Corrí a cogerlo y me encontré, donde estaba el pañuelo, unas esposas que sujetaban a un hombre con una herida de cuchillo más grave. El hombre se había puesto el pañuelo en el cuello. Lo dejé estar.

En la madrugada del 29 de diciembre, mientras expiraba poco a poco en el cubículo de urgencias, tuve mucho tiempo para recordar. Me hicieron pruebas, lentamente, para saber si tenía la gripe, esto y lo otro, con escasos resultados. Dos semanas antes me habían operado de apendicitis en el mismo hospital, pero no parecía que nadie de urgencias tuviera ganas de ver mi historial informatizado. Yo había llevado una carpeta con los informes impresos y un CD del hospital de Florida, y tuve la presencia de ánimo suficiente para ofrecérselos a los médicos. No les interesaron. «Preferimos hacer las cosas a nuestra manera», dijo la residente. Los médicos y enfermeros parecían incapaces de pronunciar una frase completa, y mucho menos de pensar que mi caso podía tener antecedentes.

Vi, o mejor dicho, oí, que estaban distraídos. Los sonidos habituales del otro lado de la cortina también me llamaban la atención, mientras mis constantes vitales empeoraban y la infección se extendía por mi sangre. Una alcohólica a la derecha de la cortina, una anciana por su timbre de voz, no dejaba de gritar «¡doctor!» y «¡enfermera!». Un segundo alcohólico, a mi izquierda, era un hombre sin techo y muy locuaz. Cuando le pidieron el cinturón, soltó una perorata sobre el «cinturón de Orión», comparándose con el cazador y violador de la mitología griega. Cada vez que se le acercaba una médica o una enfermera, decía: «Eres mía; no intentes resistirte». Una de las enfermeras le respondió que ella no era de nadie. Le dieron el alta y le hicieron las preguntas habituales para saber si se sentía seguro en casa. Una cosa absurda, puesto que no tenía casa y se disponía a volver a la fría calle. La escena, además, resultó obscena, porque en sus respuestas se dedicó a mencionar los actos sexuales violentos que imaginaba cometer contra la enfermera que estaba interrogándole. Al otro lado de la cortina había dos policías sentados, vigilando a dos jóvenes heridos. Como no tenían nada que hacer, se juntaron justo delante de mi cubículo y se dedicaron a hablar en voz alta toda la noche. Me enteré de cómo organizaba los turnos la policía. Oí anécdotas relacionadas con conductores borrachos, vehículos abandonados, agresiones domésticas y, su tema favorito, las peleas entre bandas que la policía no lograba impedir. Algunas anécdotas eran divertidas, como la de la mujer a la que pillaron, con la pala en la mano y las rodillas llenas de tierra, destrozando todo el trabajo de jardinería de su vecina.

Los dos agentes preferían temas distintos: a uno le interesaba la burocracia; al otro, la delincuencia. El que prefería hablar de delincuencia utilizaba el término *nopersona*. En la novela *1984*, de George Orwell, una *nopersona* es alguien a quien el Estado ha arrebatado la memoria. Pero me dio la impresión de que el policía más bien estaba pensando en afroamericanos a los que consideraba delincuentes. Quise decirle algo, pero me faltaban las fuerzas.[2]

Estaba cada vez más débil. Después de tres horas en mi cubículo, tenía cuarenta de fiebre y la tensión cada vez más baja: 90/50, 80/40, 75/30, 70/30. Me encontraba entre la vida y la muerte. La septicemia mata a la gente, y la mía no la estaba tratando nadie. Mientras me encontraba en ese estado suspendido, los sonidos del otro lado de la cortina no paraban. Mis sentidos captaban todo y mi cerebro comprendía las palabras que pronunciaban todos a mi alrededor, pero yo había dejado de interpretar los estímulos. No estaba al mando, o no quedaba suficiente de mí para estar al mando. Oía la conversación de los policías, igual que los gritos de los borrachos, el ruido de los zapatos en el suelo, el silbido de una puerta automática, la palmada que apretaba el botón para abrirla y el golpe de una camilla contra ella. La cortina seguía el movimiento de las personas que pasaban o bailaba con una corriente que llegaba de más allá.

Cuando cerré los ojos, de madrugada, todavía veía el movimiento de la cortina. Sus idas y venidas tenían una regularidad hipnótica, de derecha a izquierda, como las ondulaciones de un invertebrado marino con las olas. El color de la cortina se oscureció, pasó de amarillo a ocre. Los bordes se perfilaron de negro profundo, en lugar del blanco fluorescente de las luces del pasillo. Durante cinco horas, aproximadamente entre la una y las seis de la mañana del 29 de diciembre, tuve grandes dificultades para permanecer consciente. Cada vez que cerraba los ojos me llamaba la cortina ocre con sus ondulaciones. Intentaba mantenerlos abiertos. La pantalla que tenía detrás y me mostraba la presión arterial me servía de punto de enfoque. Sin embargo, cada vez que dejaba de mirar mis constantes vitales para fijarme en la cortina, tenía que acabar cerrando los ojos. Entonces el color de la cortina volvía a ser ocre, reanudaba sus ondulaciones voluptuosas y yo recordaba.

No vi pasar toda mi vida ante mí. Fue más bien que mi capacidad de reprimir recuerdos desapareció. Me sobrevinieron varias imágenes de la infancia con una fuerza descomunal, y no podía obligarlas a que hicieran hueco a otros recuerdos ni a pensamientos nuevos. Era raro ser espectador de la realidad, en lugar de árbitro.

Los recuerdos de mi vida adulta no eran tanto de lo que me había sucedido como de lo que había aprendido de otros. Cuando me concentro en lo que leo, tengo una memoria excelente. He pasado gran parte de los treinta a los cincuenta años leyendo relatos de testigos del Holocausto y otros crímenes alemanes, fusilamientos masivos y hambrunas obra de los estalinistas, limpiezas étnicas y otras atrocidades. Y también recordé todas estas cosas, sin control, como mil puñetazos, uno tras otro, libro tras libro, documento tras documento, fotografía tras fotografía.

Un niño ucraniano pide que le dejen morir de hambre al aire libre en vez de en los barracones subterráneos. Un oficial polaco esconde su anillo de casado para que no se lo quiten cuando lo asesinen. Una niña judía deja escrito en la pared de una sinagoga un mensaje para su madre: «Te damos besos una y otra vez». Algo me hizo detenerme a propósito de una huérfana judía acogida por unos campesinos ucranianos sin hijos: «Vas a ser como una hija para nosotros», dijeron, recordaba ella, recordé yo. Algo me hizo vacilar ante la historia de una mujer cuyo talento especial era comportarse como si no sucediera nada especial, mientras ocultaba a judíos en su piso. Aplomo. Un aplomo existencial. Volvió a aparecer ante mis ojos una fotografía que había mirado con frecuencia durante veinticinco años: una judía polaca llamada Wanda, un dechado de compostura. Wanda se negó a obedecer la orden alemana de ir al gueto de Varsovia en 1940 y logró proteger a sus dos hijos durante toda la guerra. Su marido, el padre de los niños, murió asesinado.

El desfile continuó, el blanco y negro de las palabras y las imágenes recordadas, mientras la cortina ocre se ondulaba al fondo, ni cerca ni lejos, ni a este lado ni a aquel. Yo estaba con otros. Al principio me incomodó la compañía de los muertos, pero el sentimiento pasó. Había aprendido de ellos. En cierto modo, recordaba lo que recordaban ellos. El hijo menor de Wanda se hizo historiador y fue quien aprobó mi tesis 55 años después de que su madre lo salvara del gueto.

Veinte años después de aquello, encontré los documentos que narraban lo que había hecho su madre y escribí sobre la historia. La vida no solo está en el interior de las personas; pasa por ellas.

Lo que no me gustaba era la cortina ocre; lo que temía era el tránsito hacia la muerte, repulsivo y atractivo. Nunca la dibujé en mi diario; la recuerdo con demasiada claridad.

Mi cuerpo no recibió los cuidados que necesitaba en las primeras horas del 29 de diciembre. Los líquidos me subieron ligeramente la tensión, pero no me aplicaron ningún tratamiento propiamente dicho. Los médicos y enfermeros no pasaban más que unos cuantos segundos conmigo y rara vez me miraban a los ojos. Hacían sus análisis de sangre, se olvidaban de los resultados, los notificaban mal[3] y se iban corriendo. La distracción permanente de médicos y enfermeros es un síntoma de nuestra enfermedad. Cada paciente tiene su historia, pero nadie se molesta en descubrirla.

Dos semanas antes, cuando me operaron de apendicitis, otros médicos habían visto que tenía una lesión en el hígado, pero no la trataron, ni volvieron a examinarla, ni mandaron más pruebas, y ni siquiera la mencionaron.

Me dieron de alta al día siguiente de la operación, el 16 de diciembre, sin suficientes antibióticos y sin información sobre esa segunda infección. Cuando, el 23 de diciembre, me ingresaron en el hospital de Florida con hormigueo y entumecimiento en las extremidades, no se me ocurrió decir a los médicos nada de mi hígado. También me dieron de alta al día siguiente. En las urgencias de New Haven, el 29 de diciembre, todos descartaron la posibilidad de que mi estado tuviera algo que ver con el apéndice o con la cirugía reciente. A los médicos les parecía inconcebible que sus colegas del hospital hubieran podido equivocarse. Este tipo de pensamiento corporativo es un error elemental, de esos que todos cometemos en situaciones de estrés.

Lo que sí pensaron en New Haven fue que el error podían haberlo cometido los médicos de Florida. Cuando se vio que tenía algún tipo de infección bacteriana, pensaron en una posible meningitis por una punción lumbar que me habían hecho allí. De modo que me hicieron una segunda punción, pero incluso mientras me pinchaban y buscaban el líquido cefalorraquídeo seguían distraídos. La residente metió claramente la pata porque entró en la columna por la herida de la punción anterior, es decir, el hipotético foco de infección. El médico que la supervisaba tuvo que decirle que volviera a sacar la aguja. La gente hace mucho peor casi cualquier trabajo cuando está cerca de un móvil;[4] los dos tenían los suyos encendidos y no se separaban de ellos. Yo estaba acurrucado con la cara pegada a la pared, pero lo sé porque los teléfonos sonaron tres veces durante el procedimiento. La primera vez fue la más memorable. Después de volver a introducirme la larga aguja en la columna, en otro punto diferente, la residente dio un bote al oír el teléfono. Yo, doblado sobre la barandilla de la cama, hice todo lo posible para no moverme. Tenía el cuerpo a merced de la distracción permanente de los médicos. Mi amiga llamó a la cirujana que me había operado de apendicitis; no se acordaba de la lesión en el hígado ni mencionó, ni entonces ni en otro momento, que figuraba en el historial. Si el médico supervisor y la residente de urgencias no hubieran estado distraídos, habrían podido pararse un instante a mirar el historial de mi operación anterior, habrían visto el problema del hígado y habrían evitado la segunda punción. Si hubieran hablado conmigo un poco más, yo les habría podido mostrar mi historial médico de Florida, que indicaba un volumen elevado de enzimas hepáticas, un indicio importante de lo que estaba pasando. Yo había rodeado incluso con un círculo los resultados pertinentes en el papel, pero no conseguí que nadie les prestara atención. Si los dos médicos hubieran silenciado sus móviles antes de la punción lumbar, quizá habrían hecho lo que consideraban necesario sin mover la aguja dentro de mi espina dorsal. Como todo lo demás que pasó, no fue cuestión de que tuviera mala suerte. Fue un ejemplo de que el propio sistema hace que los médicos estén siempre agobiados y cometan errores. Estuve con septicemia mucho tiempo. El Servicio Nacional de Salud de Gran Bretaña recomienda que, en el caso de un paciente séptico, se le administren antibióticos, como tarde, una hora después de haber sido admitido. A mi suegro, que es médico, le enseñaron que el doctor debía ocuparse personalmente de ello. En mi caso tuve que esperar ocho horas, hasta después de la segunda y surrealista punción lumbar. Nueve horas después de que la prueba diera un resultado negativo, abrieron la cortina y me llevaron en la camilla del cubículo a un quirófano. Alguien había mirado, por fin, las imágenes que habían obtenido cuando la apendicitis y había visto el problema del hígado en el que nadie se había fijado.[5] Un nuevo escáner mostró que el absceso del hígado se había hecho enorme durante las dos semanas de abandono. Después de una operación urgente para drenarme el hígado, me llevaron a una habitación, en la que pasaría los dos últimos días de 2019 y la primera parte de 2020, en la que iba a rabiar y comprender. Tras unos cuidados postoperatorios chapuceros, tuvieron que volver a intervenirme para añadir dos sondas más en el hígado.

Me dieron de alta varias semanas más tarde, con nueve agujeros: tres de la apendicectomía, tres de las sondas hepáticas, dos de las punciones lumbares y uno en el brazo para la vía por la que debían inyectarme los antibióticos. Seguía teniendo hormigueo en las manos y los pies, que mi neurólogo, ahora, atribuye a un daño neuronal causado por mi sistema inmunitario como reacción ante una amenaza arrolladora.

Cuando escribo estas páginas, continúo en tratamiento: con medicación, sometido a pruebas y yendo al médico. Escribir es para mí parte de ese tratamiento, porque mi enfermedad solo tiene sentido en la medida en que me ayuda a comprender nuestra enfermedad general. Recuerdo sitios en los que no debería haber estado, cosas que no deberían haber ocurrido, ni a mí ni a nadie, y quiero comprenderlas.

Cuando me dieron el alta en el hospital de New Haven, oí decir que algunos colegas se asombraban de que mi esposa y yo no hubiéramos pedido ayuda a amigos poderosos cuando estaba en urgencias. Ni se nos hubiera ocurrido. Si así es como funciona el sistema, mal hecho. Si algunos estadounidenses tienen acceso a la asistencia sanitaria gracias al dinero o a la gente que conocen, estarán contentos porque a ellos se les incluye y a otros no. Y ese sentimiento convierte una preocupación humana por la salud en una desigualdad callada pero profunda que debilita la democracia. Cuando todos tienen acceso a una asistencia sanitaria digna a un coste mínimo, como ocurre en casi todo el mundo desarrollado, es más fácil considerar iguales a otros ciudadanos.[6]

La enfermedad de Estados Unidos consiste, en parte, en que no hay ningún ámbito, ni siquiera la vida y ni siquiera la muerte, en el que nos tomemos en serio la proposición «todos los hombres fueron creados iguales». Si la asistencia sanitaria estuviera al alcance de todo el mundo, no solo sería mejor nuestra salud física, sino también la mental. Nuestras vidas estarían más libres de ansiedad y serían menos solitarias porque no estaríamos siempre pensando en que nuestra supervivencia depende de nuestra posición económica y social. Seríamos muchísimo más libres.

Como la salud es tan esencial para la vida, la confianza en la sanidad es una parte importante de la libertad. Si todos pueden contar con que van a recibir asistencia cuando sea necesario, pueden dedicar su preocupación y sus recursos a otros asuntos, tomar decisiones con más libertad y dedicarse más a la búsqueda de la felicidad. Si, por el contrario, la gente cree que la asistencia sanitaria tiene preferencias, los que están incluidos empiezan a disfrutar pensando en el sufrimiento de los que están excluidos. Si la asistencia sanitaria no es un derecho, sino un privilegio, corrompe a los que gozan de él y mata a los que no. Todo el mundo se ve arrastrado a un sistema sádico que acaba por parecer natural. En lugar de buscar la felicidad como personas, creamos un colectivo de sufrimiento.

Por eso, nuestra enfermedad nos concierne a todos. Todos participamos en el colectivo del sufrimiento. Los más acomodados estamos perjudicando a los que no lo son tanto. Cuando la asistencia sanitaria constituye una competición, los ganadores dañan a los demás, pero también obtienen peores cuidados. Distraídos por su ventaja comparativa, no se dan cuenta de que, al perjudicar a otros, también se perjudican a sí mismos. Si la asistencia sanitaria fuera un derecho, todos tendríamos mejor acceso a tratamientos y todos nos liberaríamos del colectivo de sufrimiento. La asistencia sanitaria debe ser un derecho, y no un privilegio, por el bien de nuestro cuerpo y de nuestro espíritu.

En los días que transcurrieron desde que me dieron de alta hasta que cerraron los edificios de mi universidad por la pandemia del coronavirus estuve yendo a mi despacho. Quería hacer una copia de mi diario de hospital y guardarlo en un lugar seguro.

Miraba el caos de años de viajes y trabajo, las pilas sobre las mesas, los libros en el suelo, y todo me resultaba extraño después de estar meses sin ir. Me sentí obligado a ordenarlo. Estaba demasiado débil para hacer ninguna otra cosa: colocaba unos cuantos libros, clasificaba unos cuantos documentos y tenía que tumbarme. Después de haberme alejado de la muerte, estaba buscando formas fáciles de salvar la distancia entre lo que quería y lo que podía hacer, y ordenar mi biblioteca y mis documentos era una de esas formas. Además, al colocar papeles, quería devolver los recuerdos a su justo sitio. Quería olvidarme de la cortina ocre. Quería tener el control de lo que veía al cerrar los ojos.

Mientras descansaba y contemplaba las estanterías, empecé a pensar en las experiencias de gente sobre la que había escrito, las víctimas y los supervivientes de masacres. He escrito libros sobre políticas dirigidas a acabar directamente con vidas humanas, sin ambigüedad alguna sobre sus intenciones: con fusilamientos, dejando morir de hambre, con gases letales. Pensé –como otros mucho antes que yo– que privar deliberadamente a alguien de la salud era infligir un daño no muy distinto.[7] Se podía tratar a las personas como focos inhumanos de enfermedad en vez de congéneres a los que atender y curar. Se las podía clasificar según su estado de salud y explotarlas hasta la muerte en nombre de un supuesto interés común de algún otro grupo.

En mi despacho tengo un estante dedicado a la Alemania nazi y el Holocausto. Uno de los libros recoge la correspondencia, los escritos y los discursos de Adolf Hitler. En su primera carta antisemita dice que los judíos son una «tuberculosis racial».[8] En plena epidemia de gripe, Hitler estaba diciendo que unos seres humanos eran una fuente de contagio. Cuando llegó al poder, los nazis acusaron a los judíos de propagar enfermedades entre una población alemana sana. Durante la Segunda

Guerra Mundial, los llamaban «bacterias tifoideas». Desde luego, el hecho de que los encerraran en guetos sin cuidados médicos sí hacía que enfermasen, y los turistas alemanes que los visitaban lo convertían en un espectáculo.[9] A medida que los judíos caían enfermos, los nazis lo aprovechaban como justificación para matarlos a toda velocidad. Hitler presumía de limpiar Europa de las bacterias judías, de «reventar el forúnculo».

Si pensamos que el Holocausto nazi constituye la peor manifestación de la maldad, ¿cuál es la manifestación suprema del bien? Si condenamos el lenguaje y las acciones de Hitler, ¿qué implicaciones tiene sobre lo que hacemos y decimos nosotros? Para los nazis, la atención sanitaria era una forma de separar a los humanos de los infrahumanos y los no humanos. Si consideramos a otros como portadores de enfermedades y a nosotros mismos como víctimas sanas, no somos mucho mejores que ellos. Si de verdad nos oponemos a la maldad nazi, tratamos de dirigir nuestras ideas en la dirección contraria, hacia el bien. Y ese intento incluye, entre otras cosas, comprender que todos los humanos podemos sufrir enfermedades y tenemos el mismo derecho a que nos cuiden.

Otro estante de la librería de mi despacho está dedicado a los estudios sobre los campos de concentración.[10] Normalmente, los que dirigen los campos tratan mejor a la gente sana y peor a la gente enferma. Cuando no existe ninguna preocupación por la dignidad y la vida humana, lo único que importa es la mano de obra que se puede explotar. El Gulag de Stalin funcionaba de acuerdo con esta lógica de la atención sanitaria a la inversa.[11] Como los administradores soviéticos consideraban a los prisioneros unidades económicas, la asistencia sanitaria se gestionaba con arreglo a cálculos de productividad. Para dispensar atención médica había que determinar a quién se podía explotar durante más tiempo y a quién había que descartar antes. A los presos más fuertes se los cuidaba mientras fueran productivos, pero a los más débiles se los dejaba morir e incluso, a menudo, se les permitía salir del campo para que perecieran al otro lado de sus muros y no se incluyeran en los registros de fallecimientos.

Si pensamos que el Gulag también constituye la peor manifestación del horror, ¿cuál es entonces la manifestación suprema del bien? La respuesta, en parte, es reconocer que todas las personas tienen el mismo derecho a la asistencia sanitaria, independientemente de lo productivas o rentables que se las considere. Esa es una conclusión que muchos sabios, algunos de ellos estadounidenses, extrajeron de los horrores del siglo xx.

La idea de que la asistencia sanitaria es un derecho quizá resulta extraña para un estadounidense hoy. Sin embargo, oficialmente, Estados Unidos reconoce ese derecho desde hace más de setenta años. Después de la derrota de la Alemania nazi en la Segunda Guerra Mundial, y mientras Estados Unidos se enfrentaba a la Unión Soviética en una larga Guerra Fría, sus representantes contribuyeron a redactar y firmaron los acuerdos que consagraban el derecho de las personas a la asistencia sanitaria.

La constitución de la Organización Mundial de la Salud, fundada en 1946, afirma: «El disfrute del máximo grado de salud posible es uno de los derechos fundamentales de todos los seres humanos, sin distinción de raza, religión, ideología política ni condición social». La Declaración Universal de los Derechos Humanos, aprobada en 1948, dice: «Toda persona tiene derecho a un nivel de vida adecuado que le asegure, así como a su familia, la salud y el bienestar, y en especial la alimentación, el vestido, la vivienda, la asistencia médica y los servicios sociales necesarios». El derecho a la asistencia sanitaria está consagrado en las constituciones de la mayoría de los países. Entre ellos, Japón y Alemania, en cuyos nuevos textos constitucionales influyó Estados Unidos después de derrotarlos en la Segunda Guerra Mundial. Hoy, los alemanes y los japoneses viven más y están más sanos que los estadounidenses.

Estados Unidos ayudó a que la asistencia sanitaria fuera un derecho humano en todo el mundo. ¿Por qué, entonces, no se considera así en el propio Estados Unidos? ¿Por qué sus ciudadanos no están protegidos por los pactos que firmó nuestro gobierno? ¿Debemos aceptar que los ciudadanos de otras democracias disfruten de un derecho que a nosotros se nos niega y que vivan más y estén más sanos que nosotros? Da la impresión de que a muchos les parece aceptable. ¿Por qué?

Creo que nuestro impulso suicida está relacionado con el desequilibrio creciente entre soledad y solidaridad, con una rabia que, cuando no está compensada por la empatía, debilita nuestra libertad en lugar de reafirmarla. Cuando recuerdo de dónde vengo, y las veces que estuve enfermo antes de esta crisis, me hago cierta idea de los orígenes de este desequilibrio.

En mi diario del hospital tengo un dibujo de la casa en la que me esperaban mis hijos y otro de un granero en Ohio. Nací 55 años después de mi abuelo paterno, que era granjero. Fui un niño razonablemente deportista, pero mi abuelo tenía unos antebrazos que eran el doble de gruesos que los míos. Se le veían las venas en las manos y los brazos. Cuando me agarraba de las muñecas, no podía moverme. Le faltaban uno o dos dedos debido a accidentes con maquinaria agrícola, pero no parecía que eso fuera un impedimento para él. Mi otro abuelo, el materno, también era granjero. Aunque nunca hablaba de lo que sabía fabricar y reparar, parecía capaz de todo. Murió encima del tractor. Es posible que mis abuelos se quejaran de dolores durante su vida, pero no me los imagino haciéndolo. Nadie me dijo nunca directamente que no debía mencionar el dolor, pero lo aprendí desde muy pequeño. A los ocho años, cuando me hice una fractura en tallo verde en la muñeca izquierda por intentar sujetar un viejo roble que se caía del trineo de madera de mi padre, no dije nada (hasta que vi la radiografía).

Unos diez años después, me hice un esguince o quizá me rompí el tobillo izquierdo jugando al baloncesto en una cancha pública en Washington, D.C. Me vendé el tobillo con ayuda de esparadrapo, procuré no moverme mucho durante unos días y fui a trabajar con bastón todo el verano. Entonces no vi ninguna radiografía, porque no tenía ni dinero ni seguro. Volví a romperme el mismo tobillo tiempo después, cuando sí tenía seguro, y me lo trataron. Entre los veinte y los treinta y tantos años me rompí siete costillas: cinco con los codos de otros jugadores en la cancha de baloncesto y dos por mi propio codo al caerme en la iglesia de Val-de-Grâce de París. También me disloqué un dedo atrapando un rebote, y hace mucho que dejé de contar los dedos de los pies rotos. Todo esto, antes de que me fracturase la espalda y me diagnosticaran osteoporosis. Ahora soy mayor, pero tengo mejor los huesos gracias a consejos médicos prudentes.

Sufrí mi primera migraña cuando estaba en segundo de carrera, después de pasar toda una noche trabajando en un proyecto de investigación. Cuando fui a Inglaterra a estudiar Historia, en 1991, las migrañas ya eran habituales. No parecía que hacer caso omiso del dolor sirviera de nada; uno no puede mantenerse al margen de su propia cabeza. Antes de que existieran los fármacos que las detienen (los triptanes), tenía que visitar urgencias cada pocas semanas en todos los sitios en los que he vivido y trabajado, tanto en Europa como en Estados Unidos. En ocasiones, el dolor era tal que perdía el conocimiento. Cuando aparecieron los medicamentos, empecé a tomarlos, y la frecuencia de las visitas a urgencias se redujo a una vez cada pocos meses.

Cuando enfermé, en diciembre de 2019, mi costumbre de aguantar el dolor no fue nada útil. Las molestias abdominales comenzaron durante un viaje de trabajo a Alemania. En Múnich, a mitad de la noche, llamé a un taxi y pedí que me llevara a un hospital. Pero no supe transmitir a los médicos hasta qué punto me dolía. Tenía buen aspecto, no me quejaba demasiado, así que me dejaron marchar. Los médicos alemanes pensaron que sufría una infección vírica y que iba a tener molestias abdominales durante un tiempo.

Cuando me reventó el apéndice, no me di cuenta de lo que había pasado e ignoré el dolor: al fin y al cabo, me habían dicho que tenía una infección y que iba a dolerme un tiempo. Hice lo que tenía que hacer en Alemania y volé de regreso a Estados Unidos con un apéndice perforado. Tras un par de días de sentirme cansado en casa, fui al hospital y me sometí a una apendicectomía. Para entonces, el apéndice reventado me había causado una infección en el hígado, que se vio en el escáner que me hicieron antes de la operación. Los médicos alemanes aparentemente habían pasado por alto la apendicitis; los estadounidenses, desde luego, no hicieron caso de la infección en el hígado; pero otro elemento de la mezcla es lo difícil que me resulta hablar sobre el dolor físico.

Mi tolerancia al dolor nace del mismo sitio que la rabia que me salvó la vida. Me ha ayudado a hacer un trabajo que valoro. Pero soportar el dolor en silencio también crea una vulnerabilidad que creo compartir con otros estadounidenses. Nadie puede soportar un dolor extremo indefinidamente. Si existe una pastilla, todos acabaremos tomándola. Si no hay nadie con quien hablar, ninguna otra forma de atención médica, seguiremos tomando la pastilla. En ese momento, de forma imperceptible, la normalidad de soportar el dolor se convierte en la normalidad de tomar la pastilla. Lo que no cambia jamás es la falta de contacto humano. Podemos pasar del silencio sobre el dolor al silencio sobre la adicción, como han hecho millones de estadounidenses.

En el hospital me dieron oxicodona después de tres intervenciones quirúrgicas. No la quise. Al leer ahora los mensajes entre mi mujer y la médica amiga que me acompañó durante las operaciones, veo una conversación que mantuvieron después de que me hubieran perforado la piel y el vientre para drenarme el hígado por segunda y tercera vez:

«Trataré otra vez de convencerle para que tome analgésicos. Siempre ha sido cauteloso con los opiáceos».

«Solo si quiere, Marci. Yo también soy cautelosa con los opiáceos».

Soy cauteloso por varias razones. Cuando los tomé después de fracturarme la espalda sentía que no estaba ni dormido ni despierto, y me horrorizaba la sensación. Mi hermano, que es físico y ha tenido que someterse a varias operaciones, dice que los opiáceos le hacen más daño a su cerebro que las cirugías y la anestesia. Pero, sobre todo, cuando veo la oxicodona pienso en frascos escondidos en guanteras, cajas de herramientas y bajo cojines de asientos en todos los Apalaches y el Medio Oeste.

Desde hace décadas, unos médicos muy sabios me han enseñado que la asistencia sanitaria no es solo cuestión de dolor y pastillas. En Londres, en 1992, un médico que estaba tratándome las migrañas me dijo que «me dejara cuidar», lo que me pareció muy raro en aquel entonces. En París, donde estudié y viví solo un año, entre 1994 y 1995, las migrañas se agravaron tanto que empecé a perder la vista. Cuando dejé de poder leer mis libros y documentos e incluso de distraerme viendo la televisión, comprendí que tenía un problema. Una noche fui tambaleándome a un hospital, incapaz de leer las señales callejeras ni el mapa, mientras practicaba la forma de decir en francés «me siento débil» y «veo estrellas».

Después fui a un neurólogo. No tenía mucho dinero, pero era barato. Para llegar a su hospital tomaba un autobús que pasaba por la Torre Eiffel. Siempre la miraba, y luego a los parisinos que iban conmigo, ninguno de los cuales le echaba ni un vistazo. El neurólogo, que me examinó con detalle y me hizo varias pruebas, sugirió que quizá mi empeoramiento estaba relacionado con el hecho de estar separado de mis seres queridos. Yo era joven y pensé que estaba siendo muy francés o burlándose de mí. Tardé mucho en comprender que quizá no andaba tan descaminado.[12]

En las dos primeras décadas de este siglo, cuando fui a ver a varios neurólogos en Europa por las migrañas, lo único que quería era que me hicieran una receta y me dejaran marchar. Pero a los doctores europeos les gustaba hablar sobre el tipo de vida que llevaba, no solo sobre qué desencadenaba las migrañas, sino también sobre mis prioridades y mis costumbres. En Viena, el internista me envió a un neurólogo que desde luego sabía cómo acomodarse para una larga charla. Me hacía reír cuando aseguraba que la vida no tendría sentido para él si tuviera que evitar las cosas que yo no podía comer ni beber (en concreto, escalopes y vino). Hace unos años, en una sala de urgencias de Berlín, a última hora de la noche, me sorprendió que la doctora estuviera sentada a mi lado durante una hora y se pusiera a hablar de cómo me había ido el día. Me dio la medicina que quería y una receta para que me la vendieran en una farmacia próxima que estaba abierta toda la noche, pero también quería hablar conmigo de cómo me había convertido en una persona que iba de noche a hospitales en países extranjeros.

Los franceses, los austriacos y los alemanes tienen los mismos fármacos que nosotros, menos caros y más fáciles de adquirir. En Alemania puedo comprar medicación para la migraña sin receta y por un par de euros, en cualquier farmacia, incluso en un aeropuerto o una estación de ferrocarril, siempre que me detenga un instante a explicar al farmacéutico por qué la necesito. Ninguna de esas cosas es posible en Estados Unidos. La diferencia no es que nosotros tengamos sofisticados productos químicos y los europeos, no. La diferencia es que en Europa los médicos tienen tiempo para hacer algo más aparte de escribir recetas. He aprendido a admirar a los doctores que buscan tiempo, quieren reflexionar con sus pacientes y parecen preocuparse de verdad. Me he dado cuenta de que trabajan dentro de un sistema que permite y fomenta todo eso. Y de que esos sistemas no solo funcionan mejor que el nuestro, sino que cuestan menos.

Toda esta atención sanitaria que he tenido la suerte de recibir en otros países me ha ayudado a entender que existen alternativas a las pastillas y el dolor. Si las citas duran más de quince minutos y los médicos se fijan en la persona más que en la pantalla, el paciente puede contar su historia y sentirse comprendido. La medicación es importante, pero tiene sus límites.

En el hospital de New Haven, en Nochevieja, una enfermera se equivocó al inyectarme la medicina contra la migraña y la introdujo directamente en la sangre (por inyección intravenosa) en lugar de en el tejido adiposo (subcutánea). Me sentí igual que cuando, de niño, recibí una descarga al tocar un enchufe, salvo que esta vez la sensación duró más tiempo. El error les obligó a hacerme a toda prisa un electrocardiograma. El incidente me recordó que los triptanes siempre tienen el riesgo de efectos secundarios cardiacos y de que mis médicos estaban intentando reducir mis dosis. Desde que me dieron el alta, me he tomado más en serio los prudentes consejos que me han dado desde hace años.

Cuando no hay nadie que tenga tiempo para sentarse a charlar ni posibilidad de probar otro método, entonces tenemos la sensación de que debemos elegir entre el dolor y las pastillas. En Estados Unidos, donde la principal fuente de información sobre la salud es la

publicidad de fármacos, no dejan de decirnos que el sufrimiento es responsabilidad personal nuestra y las pastillas son la cura.[13] Cuando los analgésicos surten efecto,
es especialmente peligroso, porque entonces no tenemos
en cuenta las causas profundas del sufrimiento. Y nos
metemos en un lío cuando aumentamos la dosis o cuando el medicamento deja de actuar. El sufrimiento y la
automedicación son actividades solitarias; puede parecer que son decisiones libremente tomadas, pero crean
un desequilibrio que se convierte en servidumbre.

Los hombres estadounidenses pasan de negar el dolor a negar que tienen un problema con los analgésicos.
Pasan de hacer frente a todo y no tomar la pastilla a
renunciar a todo y solo tomar la pastilla. Si la vida consiste únicamente en dolor y pastillas, acabamos con
demasiada rabia y no la suficiente empatía, demasiada
soledad y no la suficiente solidaridad.

La pendiente es más pronunciada hoy que en la generación de mis abuelos.[14] Los hombres de aquella época
recordaban la Gran Depresión y habían luchado en la
Segunda Guerra Mundial. Para animar a mis hijos durante el confinamiento por el coronavirus, una de sus
abuelas les envió una postal contando lo que había hecho su padre en la campaña del Pacífico. El mensaje
quería decir que aquellos eran tiempos más difíciles que
estos, y era verdad. Pero los cuatro decenios posteriores a la guerra fueron una época de movilidad social

ascendente. Los cuatro últimos, en cambio, han sido duros. El empleo industrial alcanzó su máxima cifra en 1979. Hoy, los puestos de trabajo en fábricas no solo son más escasos, sino que probablemente incluyen menos prestaciones y ventajas sindicales. La propaganda sobre «el derecho al trabajo» enseña que cada uno debe arreglárselas como pueda, sin sindicatos, lo que conduce a un empleo de menor calidad, menos amistades, más racismo, peor asistencia sanitaria y más ira.[15]

La pequeña agricultura se está volviendo insostenible como forma de vida.[16] Los granjeros, los hombres que me parecían invulnerables cuando era niño, hoy tienen una tasa de suicidios superior a la de casi cualquier otra actividad laboral.[17] El teléfono de prevención del suicidio para agricultores se ha eliminado, dentro de una demolición general de los muros del sueño americano. El Estado del Bienestar, pensado para complementar la soledad de la ambición con la solidaridad de la ayuda, ha quedado desmantelado.

En las granjas y las fábricas, las penalidades físicas tenían compensaciones tangibles. El sufrimiento formaba parte de la productividad. Tenía sentido que abordar todo de frente fuera lo mejor. Hasta los años ochenta, los padres estadounidenses sabían que, si trabajaban duro, podían esperar una vida mejor para sus hijos. Ya no es así. Cuando la economía cambió y el Estado del Bienestar se debilitó, cuando el dolor perdió sentido y el sufrimiento eficacia, los hombres se sintieron lógicamente confundidos. Hoy los estadounidenses hacen menos trabajos físicos y, sin embargo, dicen sufrir más dolor. Por desgracia, el dolor se ha convertido en parte de la economía y de nuestro sistema político. Antes, los políticos competían con visiones de un futuro mejor. Ahora, una buena parte de nuestra vida política consiste en la prostitución y la manipulación del dolor. Parte del problema es la medicina mercantilizada. Las «fábricas de pastillas» que nacieron en los años noventa pusieron al descubierto la lógica extrema de un sistema médico que ofrecía una elección descarnada entre el sufrimiento y los fármacos. Las fábricas de pastillas son consultas médicas en las que no se hace nada más que recetar opiáceos, normalmente por dinero. La primera estaba a 110 kilómetros de las granjas de mis abuelos, en Portsmouth, Ohio, que era una próspera ciudad industrial cuando yo era joven. Un año, a los 80.000 habitantes del condado de Scioto, del que Portsmouth es capital, se les recetaron diez millones de dosis de opiáceos.[18] El sufrimiento había dejado de ser productivo para quienes lo padecían, pero se había vuelto muy rentable para los que no.

Los opiáceos son un problema para mujeres y hombres de toda edad y condición. Las mujeres blancas en los estados del sur viven menos, en parte por este motivo.[19] La esperanza de vida de los hombres blancos de mediana edad se ha estancado.[20] Su sueño americano del sacrificio solitario ha fracasado y, sin la solidaridad que antes proporcionaban los sindicatos y el Estado del Bienestar, se han quedado a solas con su resentimiento. Si lo único que tenemos es la rabia solitaria, fracasamos, nos volvemos adictos, hacemos caso a quien no debemos, hacemos daño a nuestros seres queridos y nos morimos. Los opiáceos ocupan el espacio mental que necesitamos para meditar, para pensar en hijos, cónyuges, amigos o cualquier otra persona. La doble desesperación del dolor y la adicción influye en nuestra política. La gente que vivía en sitios arruinados por los opiáceos votó a Donald Trump. El dato que mejor predijo si Trump iba a ganar o perder un condado en noviembre de 2016 fue el consumo de opiáceos.[21] En el condado de Scioto, el foco inicial de esta epidemia, Trump obtuvo en 2016 un 30% más de votos que Mitt Romney en 2012. Fue una sorpresa que Trump venciera en Pensilvania. Logró la mayoría de los votos en varios condados en los que Barack Obama había ganado cuatro años antes. Todos ellos sufrían una crisis de salud pública como consecuencia del abuso de opiáceos. Lo mismo ocurrió en los condados de Ohio en los que había ganado Obama y en los que venció Trump cuatro años después: todos menos uno estaban en plena crisis por los opiáceos. El voto de la desesperación, como la muerte por desesperación, es comprensible.

Pero los que se quedan detrás sufren. Los votantes deses-
perados, cuando votan a políticos que comercian con el
dolor, cierran el acceso a la asistencia sanitaria para
ellos mismos, sus familias y la gente en general.[22]
La soledad es saludable, hasta cierto punto. No somos libres si no sabemos cómo ser nosotros mismos y
estar a solas con nosotros mismos. Pero demasiada soledad impide la libertad, primero para los solitarios y
luego para todos los demás. La rabia solitaria es parte
de la libertad, pero solo parte. Si no contamos con la
ayuda de los demás, nuestra rabia deja de protegernos y
pone en peligro a todos. Cuando el orgullo se convierte
en resentimiento nos olvidamos de que necesitamos
ayuda y aseguramos que solo la necesitan otros. La
furia que se desata ciegamente no es ningún signo de
libertad, sino una oportunidad para que los políticos
ofrezcan objetivos contra los que dirigir esa furia. La
espiral que baja del dolor a la desesperación y del orgullo al resentimiento es una cosa que políticos como
Trump comprenden y aceleran. Quieren que la gente
esté atontada por el sufrimiento y por eso se oponen a la
asistencia sanitaria. El dolor es su arma política; su propaganda es una trampa mortal.

Esos políticos dicen a los blancos que son demasiado
orgullosos y honrados para necesitar un seguro y una
sanidad pública, que, afirman, solo aprovecharían otros
que lo merecen menos (negros, inmigrantes, musulmanes).

El halago lubrica la pendiente que lleva a la muerte: dicen a los estadounidenses blancos que afronten el dolor de forma individual y solitaria, y que se traicionarán a sí mismos y a su país si reconocen que necesitan ayuda. Los únicos que piden ayuda, subrayan, son los quejicas de piel oscura. Por supuesto, los representantes electos que dicen esas cosas tienen garantizada su asistencia sanitaria por la administración y están negando a sus votantes algo que saben que a ellos les funciona. Pero la hipocresía es el menor de sus pecados. Halagar a alguien al mismo tiempo que se le niega la asistencia sanitaria es añadir el agravante de sadismo a un homicidio.[23]

Todo el mundo se ve arrastrado a una política del dolor que desemboca en muertes masivas. Oponernos a una sanidad pública porque sospechamos que ayuda a los que no lo merecen es como empujar a alguien por un acantilado y saltar detrás de él creyendo que el cuerpo de la persona a la que hemos asesinado va a amortiguar nuestra caída. Es como jugar a la ruleta rusa habiendo cargado una bala en nuestra recámara y dos en la del oponente. ¿Pero qué tal si no saltamos de ningún acantilado ni jugamos a la ruleta rusa? ¿Qué tal si vivimos y dejamos vivir, y todos vivimos más y mejor?

Entre vivir con dolor y tomar pastillas debería haber muchas más alternativas: una asistencia sanitaria que podamos encontrar o que pueda encontrarnos a nosotros. Es decir, más facilidad de acceso a los médicos y también a otros instrumentos de salud más sencillos. Por ejemplo, hay mucho dolor físico para el que el mejor tratamiento es fisioterapia y ejercicio. Estas opciones exigen contacto humano y no generan los rápidos beneficios de los productos farmacéuticos y los implantes quirúrgicos. Pero si nos preocupan la salud y la libertad de los estadounidenses, entonces todos deberían estar asegurados, y el seguro de cada cual debería cubrir todo aquello que ayude a aliviar el dolor. Necesitamos un sistema de solidaridad que nadie puede crear individualmente, pero que beneficiaría a todos y cada uno de nosotros.

Es fácil caer en unos hábitos mentales que hacen que el *statu quo* parezca aceptable. Resulta tentador encontrar algún significado en el sufrimiento y la muerte. Así es como los ciudadanos bienintencionados ofrecen justificaciones racionales a los que desde el poder hacen daño y matan. Cuando alguien fallece, podemos decirnos que no había más remedio, que ha sido por algo, que Dios lo ha querido. Esos argumentos nos impiden cuestionar un sistema de medicina mercantilizada que nos trata como fuentes de beneficios y no como hijos de Dios. Mi sufrimiento solo significa algo si aprendo de él, y mi muerte no habría tenido sentido. No estoy convencido de que Dios quiera que los estadounidenses sufran y mueran para que la medicina con ánimo de lucro pueda enriquecer a unas cuantas personas.

También resulta tentador dormirse en los laureles de la tradición, remitirse al siglo XVIII para decir que los padres fundadores de Estados Unidos no imaginaron la sanidad pública moderna. Hay muchas cosas que no imaginaron, por supuesto. Me es imposible creer, como ciudadano y como historiador, que los padres fundadores quisieran un país en el que la gente viviera menos y peor de lo necesario, en el que la enfermedad de muchos se convirtiera en una fuente de beneficios para unos pocos. El optimismo del preámbulo de la Constitución sigue resonando siglos después: el buen gobierno significa justicia, tranquilidad, bienestar, libertad. Una defensa común. Si nos enorgullecemos de nuestra Constitución y conocemos sus propósitos, debemos aplicar las aspiraciones de sus autores a nuestra época.

Aguantar el dolor y evitar a los doctores quizá tenía sentido hace doscientos años. Cuando salí del hospital me encontré con la pandemia del coronavirus, el confinamiento y la enseñanza a distancia para dos niños en edad de enseñanza primaria, y me he dedicado a leer cosas de la época de la independencia con mi hijo. Juntos, hemos aprendido que George Washington murió después de que tres médicos le sangraran cuatro veces; más le habría valido no llamarlos. Benjamin Franklin escribió a John Jay que tenía más miedo de la medicina que de la enfermedad, lo cual era lógico en aquel tiempo. El romanticismo de la guerra de la Independencia de Estados Unidos desaparece rápidamente si nos enteramos de cómo se trataba a los heridos. Entonces no se sabía nada de las infecciones, así que los médicos no se lavaban las manos ni esterilizaban sus instrumentos. Eran frecuentes las amputaciones brutales, se pensaba que el pus y la inflamación eran síntomas de curación y no de infección, y el tratamiento de las quemaduras era sangrar al paciente. La esperanza de vida de los colonos era de unos cuarenta años, y mucho menos para los esclavos africanos. Las enfermedades importadas de Europa, como la viruela, acortaron drásticamente las vidas de los pueblos nativos del continente.

Me parece inconcebible que los fundadores de este país, unos hombres que valoraban la justicia, la tranquilidad y el bienestar, quisieran que reviviéramos su desgraciado momento de la historia de la medicina. Nunca dijeron nada en ese sentido. De hecho, muchas de las partes más tristes de su correspondencia son las relativas a sus enfermedades personales, las enfermedades de amigos y las plagas que asolaban las ciudades de la joven república.[24] Un año fue imposible convocar al Congreso debido a una epidemia de fiebre amarilla, una enfermedad que entonces no se conocía bien.[25] Hoy sabemos que la transmite un mosquito y tenemos una vacuna. Benjamin Franklin, Thomas Jefferson y sus colegas se preocuparon por salvar a sus compatriotas de la fiebre amarilla, la viruela y otros males contra los que hoy disponemos de vacunas o tratamientos. Jefferson pensaba que la salud era, después de los principios morales, el elemento más importante de una buena vida. Ahora que conocemos mejor el mundo natural, podemos pensar que la asistencia sanitaria es un derecho humano. La Constitución no nos impide hacerlo. Al contrario: sus autores tuvieron la prudencia de especificar que «la enumeración de determinados derechos en la Constitución no significará la negación ni el menosprecio de otros derechos de las personas». Esta frase deja margen al derecho a la asistencia sanitaria. Si aceptamos los famosos tres derechos enunciados por Jefferson, a «la vida, la libertad y la búsqueda de la felicidad», ya tenemos el argumento en favor del derecho a la asistencia sanitaria. Si tenemos derecho a la vida, tenemos derecho a disponer de los medios para vivir. Si tenemos derecho a buscar la felicidad, tenemos derecho a una atención que nos lo permita. Sin buena salud, dijo Jefferson con gran sensatez, no existe la felicidad. Y el derecho a la libertad implica el derecho a la asistencia sanitaria. Cuando estamos enfermos no somos libres. Y cuando sufrimos, o cuando estamos angustiados por la enfermedad que se avecina, los gobernantes explotan ese sufrimiento, nos mienten y nos despojan de nuestras libertades.

LECCIÓN 2

La renovación empieza por los niños

En mi diario de hospital tengo unas notas sobre lo que estaban haciendo mis hijos en enero. «Entrenamiento de fútbol más difícil». «Han venido los amigos A. y E.». «Empieza el colegio». Estaba orgulloso de mi hijo y mi hija porque se levantaban cada mañana para ir al colegio a pesar de saber lo que pasaba. Cuando estaba demasiado enfermo para que me visitaran, mi mujer me contaba cómo les había ido el día. Además me escribían mensajes y me hacían dibujos, que yo pegaba en la pared y guardaba dentro del diario. Cuando pude andar, empezaron a visitarme de uno en uno. Mi hija quería abrazos y me llevaba comida. «Papi –decía mi hijo–, no dejo de soñar que te mueres».

En el hospital y, después de salir de él, en mi despacho, y cuando la pandemia me impidió ir al despacho, no dejé de pensar en mis hijos. La rabia y la empatía que sentía cuando más enfermo estaba tenían que ver con ellos, pero, aun después de que esas emociones

se desvanecieran poco a poco, persistió una sensación
de desgarro. La enormidad de lo que podría haber sido
su pérdida, la mía, la nuestra, era demasiada para quedarse contenida en solo unos días. Incluso cuando cerraron el colegio y los veía en casa todo el tiempo, a
diario, la angustia siguió irradiando día y noche y mani-
festándose en momentos en los que los buscaba por
toda la casa y en mis sueños.

Una noche me desperté de una pesadilla y me di cuenta de que no tenía copia de las fotografías que les había
hecho durante sus primeros años de vida. Me senté de
golpe y me levanté. El sueño me había revelado un pequeño remedio para mi sentimiento de separación;
guardar el pasado era una forma de atar a mis hijos que
podía controlar a pesar de lo débil que estaba. Encontré
el viejo ordenador, lo encendí, conecté un disco duro y
empecé a copiar. A medida que guardaba las fotografías, cada una aparecía brevemente en la pantalla en
orden cronológico inverso, unas milésimas de segundo
llenas de recuerdos. El final, o el principio, eran imágenes de mi hijo recién nacido, diminuto, envuelto en una
manta azul y con manoplas.

Las fotografías eran de mis hijos, pero la angustia la
podría haber sentido cualquiera. El comienzo de la vida
es especial para cada progenitor, pero al mismo tiempo

es general, una experiencia distinta de todo el resto de la vida y, sin embargo, común a todo el planeta. Mientras las 14.810 fotos me hacían retroceder a través de la última década, pensé en la renovación de la vida que acompaña al nacimiento y en las cosas que facilitan o dificultan el proceso. La manta azul y las manoplas pertenecían a un hospital público en Viena, Austria, donde nació mi hijo. Indudablemente, el hospital y la ciudad nos hicieron las cosas más fáciles. Ese embarazo y ese parto, que eran los primeros para Marci y para mí, nos permitieron sentir desde dentro lo que debía ser una buena sanidad: íntima y barata.

Durante todos los meses de 2009 y 2010 que estuvimos acudiendo al tocólogo en Viena, no pagamos casi nada: unos pequeños honorarios por las visitas a la consulta que se sumaban a una prima mensual de seguro bastante discreta. Pagamos más de lo normal (no mucho más) para ir a un médico privado que nos habían recomendado, pero podríamos haber ido a un médico público sin pagar nada. Durante todo el embarazo (y después del parto), mi mujer dispuso de un práctico «pasaporte materno-infantil», reconocido en todo el país, en el que se registraban las visitas al médico, los resultados de las pruebas y las vacunaciones. Al entrar en el hospital o en la consulta, en lugar de mirar una pantalla, la enfermera o el médico que nos recibía nos pedía el «pasaporte».

El ayuntamiento de Viena nos ofreció clases de preparación al parto subvencionadas (y muy entretenidas). Los austriacos suelen hablar un alemán neutro cuando se dirigen a extranjeros, pero, en situaciones más íntimas, utilizan un dialecto que es más difícil de entender. Acabé sobre una esterilla, haciendo ejercicios con pelotas y pesas rusas por motivos que no estaban del todo claros. Pero las clases eran divertidas y daban un tono más social al ritmo del embarazo. Como todas las parejas habíamos concebido aproximadamente al mismo tiempo, veíamos a la misma gente en las mismas etapas de gestación. Hicimos amigos cuyos hijos han crecido junto a los nuestros.

En cada etapa del embarazo, hasta llegar al parto, e incluso siendo extranjeros, tuvimos la sensación de que el sistema médico estaba organizado pensando en el niño y en nosotros. Nunca hubo uno de esos instantes siniestros que se encuentran en Estados Unidos en la medicina privada que no es de primera categoría, cuando uno se pregunta por qué se ha hecho o no se ha hecho algo, o por qué acaban de pronunciar unas palabras extrañas y ambiguas, o por qué un médico o un enfermero se ha comportado de tal forma o se ha escabullido. En Estados Unidos, uno tiene a menudo la sensación de que los hechos se rigen por una lógica oculta, y es verdad: la lógica del beneficio. En Austria estaba claro que el objetivo era el bienestar del niño que iba a nacer. Las visitas prenatales eran obligatorias, la condición para tener acceso al Estado del Bienestar.

La diferencia entre la lógica del beneficio y la lógica de la vida queda patente en los ritmos que se imponen. En Austria, en el tercer trimestre del embarazo, se indica a las mujeres que vayan al hospital si tienen hemorragias, si rompen aguas o si tienen contracciones cada veinte minutos. En Estados Unidos, se dice a las embarazadas que esperen más, hasta que las contracciones sean cada tres o cuatro minutos. Ese es un motivo por el que en Estados Unidos hay tantos niños que nacen en automóviles y por el que hay madres y niños que mueren. Lo que más preocupa en Estados Unidos es que la madre llegue demasiado pronto y ocupe una cama demasiado tiempo; en Austria, el sistema está pensado para que la madre esté donde tiene que estar a tiempo para tener un parto sin problemas.

La noche en la que mi mujer se puso de parto en Viena, nos ingresaron inmediatamente en una sala limpia y tranquila del hospital público. Solo tuvimos que firmar un papel. Nos preocupaba haber ido demasiado pronto, pero nadie nos presionó para que volviéramos a casa. El parto fue largo, difícil y complicado, así que nos alegramos de estar en el hospital todo ese tiempo. Después del nacimiento, la madre y el niño debían permanecer en el hospital 96 horas. El objetivo era asegurarse de que todo iba bien con el recién nacido y enseñar a la madre a amamantar.

A mí me dejaban visitarlos de nueve de la mañana a cinco de la tarde, de modo que vi cómo funcionaba todo. Cada día había clases para que los padres aprendieran a bañar al bebé y cambiar el pañal. Las enfermeras pasaban por todas las habitaciones ajustando pezones y bocas y dando instrucciones. Las nuevas madres no tenían la intimidad que seguramente sería de esperar en Estados Unidos, pero contaban con la atención constante de unas personas capacitadas cuya prioridad eran sus bebés. A las enfermeras no les importaba lo que las madres pensaran de la lactancia; tenían que asegurarse de que empezaban a amamantar. Sabían lo que hacían y, al cabo de cuatro días, los niños y las madres, también. En Austria, alrededor del 90% de las madres aprenden a amamantar. Cuando salimos del hospital, la madre y el bebé estaban listos. No firmamos nada ni pagamos ninguna factura.

Durante las clases de preparación al parto, yo había sido objeto de lástima. Cada sesión comenzaba con el entrenamiento de las parejas, durante el que mi mujer y yo compartíamos una esterilla y nos sentíamos confusos con la jerga vienesa para referirse a las partes del cuerpo. Luego se separaba a los hombres y las mujeres para que cada grupo hablara de sus preocupaciones comunes. No sé de qué hablarían los hombres estadounidenses en un momento así; los austriacos hablaban de la libertad que les concedía su Estado del Bienestar. Tenían tres opciones de baja parental entre las que escoger, y las tres me parecieron increíblemente generosas. En mi grupo estaban decidiendo cómo repartir *dos años de permiso remunerado* parental entre la madre y el padre. Yo intentaba decir a mis nuevos amigos que mi mujer y yo teníamos una opción relativamente buena gracias a mi universidad; a ellos, un semestre de permiso para uno de los dos les parecía tristemente insuficiente. Y se quedaron claramente horrorizados cuando les conté qué era lo normal respecto a la baja de maternidad y paternidad en Estados Unidos. La idea de que las madres podían tener doce semanas o no tener nada y los padres no tenían nada les parecía salvaje. Tenían razón. Es una salvajada. Y hace que los padres y los hijos sean menos libres.

Como señalaban ellos, y me daba vergüenza reconocer, mi idea de que un semestre de baja parental para uno de los dos era un permiso generoso se basaba exclusivamente en que sabía que lo que teníamos nosotros era mejor que lo que disfrutaban otros estadounidenses. Mi propia actitud estaba contribuyendo al problema: mi relativa satisfacción con una asistencia sanitaria que era menos terrible que la de otros me impedía ver lo desastroso que era todo el sistema y hasta qué punto podía ser mucho mejor. Todos los estadounidenses podían y debían tener una baja parental mejor que la que teníamos mi mujer y yo. Si Austria podía hacerlo, ¿por qué nosotros no? Cada ciudadano austriaco, independientemente de su situación y su riqueza, disponía de más alternativas que nosotros. Me habían engañado, como a muchos compatriotas cuyo acceso a la asistencia sanitaria y los servicios públicos es un poco menos malo. Todos, sugerían sensatamente mis amigos, deberían tener las mismas opciones, unas opciones que permitieran a una familia salir adelante.

Después de nacer nuestro hijo, quise pasar tiempo con él y dejar que su madre descansara un poco de nosotros, así que me dedicaba a pasear con él por Viena entre toma y toma. Disfrutaba empujando el cochecito por la ciudad. Me gustaría pensar que lo habría hecho de todas formas, pero es importante reconocer que la política modifica las costumbres y las costumbres modifican las normas. Gracias al permiso parental, era normal que los hombres se pasearan con sus bebés. Resultaba agradable saludarnos ocasionalmente con la cabeza en señal de reconocimiento: qué estupendo, somos padres. También era agradable que las camareras y los camareros de los cafés en los que hacía alguna pausa cuando se dormía el niño me trataran con amabilidad.

Gracias a esos encuentros empezó a cambiar mi actitud hacia la lengua alemana. Los horrores del siglo xx habían convertido el alemán en un idioma de muerte.

Cuando las ancianas me felicitaban en la acera por mi precioso hijo, se convirtió en un idioma de vida.

El nacimiento de nuestra hija dos años más tarde, en Estados Unidos, fue muy distinto. Nuestro hijo había nacido sin inducción artificial ni cesárea. Los tocólogos del hospital público de Viena habían sido muy pacientes durante el parto, mucho más de lo que habrían sido sus colegas estadounidenses. Mi mujer cumplió cuarenta años durante el segundo embarazo, lo que puso en marcha automáticamente un protocolo que hay en Estados Unidos para inducirle artificialmente el parto cuando saliera de cuentas. Es un protocolo que no tiene sentido: lo que importa no es la edad en sí misma, sino determinadas circunstancias que son más probables a medida que la mujer cumple años.

En todas las situaciones, importantes y menos importantes, los protocolos automáticos interfieren en la relación entre los pacientes y sus cuidadores. Lo que les importa a los programas de ordenador es la facturación y, por consiguiente, no tienen en cuenta las necesidades humanas básicas. Los médicos y enfermeros que se acostumbran a seguir los protocolos aprenden a no prestar atención al paciente. Cuando estuve ingresado anoté varios ejemplos en mi diario.

Me administraban los medicamentos de acuerdo con un horario. Yo escribía las horas y las dosis, en parte porque había perdido fe en el sistema y en parte porque quería dormir de noche. Me permitían tomar paracetamol para el dolor cada seis horas. Les pedía a las enfermeras que de noche no me despertaran solo porque hubieran transcurrido esas seis horas. A veces me hacían caso; a veces no. Cuando me saltaba una dosis, intentaba explicar que habría que reajustar el horario y que me podían dar la siguiente a cualquier hora, sin esperar a seis horas después de la dosis que me había saltado. A veces las enfermeras me hacían caso a mí y a veces a la pantalla. Por ejemplo, si tenía que tomar tres pastillas de noche, una a las diez, otra a las once y otra a medianoche, una enfermera lista y motivada alteraba las horas de las dosis diurnas para que, al cabo de un par de días, me coincidieran las tres pastillas y después pudiera dormirme. Ayudar a dormir a un paciente era rebelarse contra el sistema, lo cual es absurdo. En cambio, otra insistía en que tenía que hacer lo que le decía el ordenador y me despertaba para satisfacer al algoritmo.

En casos más serios, como un embarazo, el coste de obedecer a la pantalla puede ser mucho mayor. Cuando un programa informático marca sin pensar «embarazada: sí» y «más de cuarenta: sí» e indica que debe inducirse el parto en tal fecha, al personal médico le resulta más fácil acallar la alerta que salta en la pantalla que averiguar el historial de una mujer. Poco a poco, se presta más atención al algoritmo –un código sin vida ni interés– y menos a la persona que está esforzándose para crear a otra persona. Por más que mi mujer estuviera en buen estado físico y la niña estuviera sana, acabamos atrapados en esta lógica mecánica. Tuvimos que pelearnos para conseguir los treinta minutos más que tardó en desencadenarse el parto sin inducción. Por suerte, el segundo fue más rápido y más fácil que el primero.

Tras el nacimiento, el reloj empezó a correr otra vez, en esta ocasión para expulsarnos del área de maternidad. Mi mujer estaba sola en una habitación pequeña, sin el ruido de madres, bebés, enfermeras y padres al que nos habíamos acostumbrado en Viena. Le costó acordarse de cómo enseñar a mamar a una recién nacida, y no había nadie para ayudarla en esa parte tan crucial del comienzo de la vida. Nos dieron una fotocopia con unos dibujos esquemáticos de unos pechos y un número de teléfono, pero eso no sustituye a la presencia constante de una enfermera que sabe qué hacer. También nos dieron un montón de documentos y unas facturas desmesuradas. El número de teléfono era el de una asesora de lactancia, a la que efectivamente fuimos a ver. En Estados Unidos, para ver a una asesora de lactancia, hay que tener un buen seguro o dinero de sobra, y la mayoría de la gente no tiene ninguna de las dos cosas. Como consecuencia, las desigualdades influyen

en la biología de los niños desde sus primeras horas de
vida. No se hace honor a la idea de que «todos los
hombres fueron creados iguales» cuando se impone la
desigualdad desde la llegada a la vida.[1]

Tenemos una medicina mercantilizada desde que na-
cemos hasta que morimos porque así lo hemos elegido.
Hay otras formas mejores. Cuando mi mujer y yo salimos del hospital en Austria después de nacer mi hijo,
nos dieron una práctica mochila para pañales con ropa
y mantas de bebé. También nos dieron una guía de todos los servicios que ofrecía el ayuntamiento de Viena,
entre ellos, ayuda personal a las madres que tenían dificultades para cuidar a sus hijos, guarderías, escuelas
infantiles y colegios públicos. Todos eran gratuitos,
siempre que los padres llevaran a sus hijos al pediatra y
registraran las vacunaciones en el «pasaporte».

Cuando volvimos a Austria con los niños, que tenían
uno y tres años, nos asombró la calidad de la escuela
infantil pública en nuestro barrio de clase trabajadora.
Tenía las mismas instalaciones y el ambiente alegre de
las guarderías y escuelas infantiles privadas que habíamos visitado en Estados Unidos. Y era totalmente gra-
tis, aparte de los cuarenta euros mensuales que se nos
pedía que aportáramos para comida (cuyo origen local
era motivo de orgullo y fue tema de una reunión de una
hora entre padres y maestros, por no hablar de una tarde con los cocineros).

Nuestro hijo de tres años estaba en un grupo de niños entre tres y seis, y una niña un poco mayor cuidaba de él. Su maestra se aseguraba de que tuviera la ayuda que necesitaba en su nuevo entorno. Nos sentíamos un poco culpables de los problemas que causaba al ser el niño más pequeño de la clase y desconocedor de las ideas austriacas sobre el orden. Se acercaba tambaleándose a derribar con entusiasmo las complicadas torres de bloques que habían construido los mayores. Nos daba reparo. Pero a su maestra le brillaron los ojos cuando sacamos la cuestión a relucir: «Pero qué gusto da –dijo en tono amable– derribar una cosa».

Cuando la maestra del niño se enteró de que nos lo íbamos a llevar de vuelta a Estados Unidos al acabar el curso, se echó a llorar delante de nosotros.

Cada vez que vivimos una temporada en Austria, me costaba adaptarme al volver a mi país. Me costaba entender por qué los padres estadounidenses se entregaban de forma tan febril a sus propios hijos y, sin embargo, tenían tantas dudas a la hora de relacionarse con otros niños.

En New Haven, cuando mi hijo tenía uno o dos años e iba a clase de música, era frecuente que los niños se negaran a sentarse en círculo delante de sus cuidadores. Preferían atravesarlo a gatas o andando hasta otro niño u otro padre. A mí siempre me gustaba que se me acercaran; al fin y al cabo, ¿qué más daba qué parte de la moqueta aporreaban con los palillos? Sin embargo, cuando había alguno que decidía gatear o andar por su cuenta, siempre acababa en drama. Los padres pensaban que sus hijos tenían que estar delante de ellos en todo momento, de forma que la clase, que debía consistir en una hora de agitar panderetas, se transformaba en la absurda situación de unos adultos que dejaban constantemente la falsa comodidad de estar sentados con las piernas cruzadas para perseguir a sus niños desobedientes. Uno de los pequeños solía acercarse adonde estábamos mi hijo y yo. A mí me parecía bonito que nos reconociera. Una semana, su madre me soltó enfadada: «¿Qué es usted, un imán para niños de dieciocho meses?».

Me sorprendió. ¿No era agradable que los niños sonrieran a los adultos y los adultos devolvieran la sonrisa? ¿No era beneficioso para el niño tener un contacto cordial con personas de fuera de su familia? ¿El objetivo que se buscaba sacándolo de casa y yendo a clase de música para bebés no era precisamente la socialización? Cuando llevábamos unos meses del curso, estaba hablando con una madre de la que me había hecho amigo sobre estas tensiones. Le pregunté por qué las madres parecían nerviosas cuando no tenían a sus hijos justo delante. Su respuesta me dio mucho que pensar:

«Supongo que es porque sabemos que, a la hora de la verdad, no tenemos a nadie que nos ayude».

Imaginemos que en Estados Unidos las madres (y los padres, y otros responsables del cuidado de los niños) no tuvieran esa sensación. En Viena, mi mujer y yo nunca la tuvimos. La gente dejaba pasar los carritos de bebé y sostenía las puertas para que pasáramos sin que se lo pidiéramos. Recuerdo una mañana en la que iba corriendo cuesta abajo, con mi hija en la silla y mi hijo en la plataforma de detrás, para intentar coger (en una parada de superficie) el último metro con el que los niños podían llegar a tiempo a la escuela. Con el sol a mi espalda, vi por la ventana del vagón a los pasajeros que apretaban el botón para que se abrieran la puerta y luego nos hicieron sitio para que pudiéramos entrar.

Esta actitud respecto a los padres y los niños no se debe, desde luego, a que los austriacos sean más amigables que los estadounidenses, sino a que son conscientes de que criar hijos no es una labor que un padre o una familia pueda hacer a solas. Las instituciones que nos ayudaron, desde el hospital público hasta la escuela pública, pasando por el transporte público (con ascensor en todas las estaciones de metro), no eran regalos a las familias con hijos. Eran parte de una infraestructura de solidaridad que mantenía unidos a todos y les hacía sentir que, a fin de cuentas, no estaban solos.

En Estados Unidos, nuestro relato sobre la libertad muere en el parto. Nunca hablamos de que traer una nueva vida al mundo hace imposible el individualismo heroico. En mi caso, necesité muchísima ayuda para ser algo remotamente parecido a una persona libre cuando mis hijos eran pequeños, y no fui yo el que tuve que gestarlos y amamantarlos, además de que disfruté de todas las ventajas paternales posibles. También guardamos silencio sobre lo que tenemos que hacer para asegurarnos, desde el principio, de que los niños puedan tener una vida lo más libre posible. Imaginamos la libertad como la ausencia de restricciones, y ese es un factor importante, sin duda. Pero el principio de la vida nos demuestra que es insuficiente. Un recién nacido al que se deja solo y sin control no es libre. Para los niños, la contribución de otros a la libertad es todavía más significativa que para sus padres.

El trato que reciben los niños cuando son pequeños influye profundamente en cómo será el resto de su vida. Eso es quizá lo más importante que deben enseñarnos hoy los científicos sobre la salud y la libertad.[2] En el siglo XIX, los científicos explicaron cómo se propagaban las enfermedades e introdujeron una especie de objetividad que fue útil para lograr tener vidas más largas y libres. A finales del siglo XX, otro grupo de científicos comprendió la influencia que tenía la primera infancia en el resto de la vida. Los adultos necesitamos ser valientes para comprenderlo, porque equivale a decir que preocuparse por la libertad significa preocuparse por los niños. Pero si lo conseguimos, podremos empezar a renovar la tierra de la libertad. Las aptitudes que necesita una persona para vivir como un adulto libre se desarrollan en la infancia.[3] Las destrezas que nos ayudan a ser seres humanos únicos se crean durante los cinco primeros años de vida, mientras el cerebro crece casi hasta alcanzar su tamaño definitivo. A medida que los bebés y los niños pequeños se relacionan con otras personas, empiezan a desarrollarse la voluntad, el habla y el pensamiento.[4] Aprendemos desde muy pequeños –si es que lo aprendemos alguna vez– a recuperarnos de las desilusiones y a postergar el placer. Numerosas investigaciones demuestran qué es lo que permite que se desarrollen esas capacidades: las relaciones, el juego y las elecciones.

Ser libres implica conocer nuestros propios intereses y lo que necesitamos para satisfacerlos. Para pensar en las limitaciones de la vida bajo presión es necesaria la capacidad de experimentar, nombrar y regular las emociones.[5] La libertad está relacionada con la capacidad de elegir, pero solo podemos elegir si vemos las distintas opciones. Cuando el miedo nos atenaza, captamos todo en términos binarios: nosotros o ellos, luchar o huir. Los niños que aprenden a nombrar y regular sus emociones tienen más posibilidades de dejar espacio a los

sentimientos positivos, incluso en momentos de estrés.
Sin esas emociones positivas somos menos libres, porque no podemos ver las diversas vías de escape e inno-
vaciones que pueden sernos útiles en un momento de
peligro o para prosperar en épocas mejores.[6]
La paradoja de la libertad es que nadie es libre sin
ayuda. La libertad puede ser solitaria, pero exige solidaridad. Un adulto que ha aprendido a ser libre en soledad gozó de solidaridad cuando era niño. Es decir, la
libertad es una deuda que se paga y se devuelve durante
generaciones. Los niños necesitan una atención intensa
y cuidadosa durante esos cinco primeros años.[7] Es un
tiempo especial que los niños no pueden dedicar a otros
niños ni los adultos a otros adultos. Los niños solo pueden recibir esa atención concreta de los adultos. La deuda que contraen podrán pagarla después, cuando ellos
sean adultos, a unos niños que aún no han nacido. Un
país libre progresa generación tras generación.

Como sabe cualquiera que haya intentado criar hijos
en Estados Unidos, el tiempo es un bien escaso.[8] Es fácil
decir que los hijos necesitan relaciones de confianza,
juego desestructurado y actividades que fomenten la
capacidad de elegir. Si se lo decimos a un padre estadounidense, obtendremos una sonrisa llena de paciencia, en
el mejor de los casos. ¿Cómo se va a disponer de ese
tiempo cuando los padres trabajan? Conocemos la respuesta. Debería ser ley que las madres permanezcan

cuatro días en la maternidad tras el parto. Es necesario que haya un permiso de maternidad o paternidad prolongado, unos horarios de trabajo previsibles, bajas remuneradas, guarderías públicas y vacaciones retribuidas. Estas cosas son habituales en otros países y podrían existir aquí.

Las madres y las familias también necesitan tranquilidad durante los momentos de cambio difíciles, entre los que se encuentran el alumbramiento y la crianza de los hijos. Los padres que disponen de buenas escuelas públicas para sus hijos y pensiones fiables para sí mismos ven la vida con menos angustia y están más disponibles para sus hijos. Si los padres y los cuidadores saben que sus hijos y ellos tienen derecho a la asistencia sanitaria, les quedará más tiempo y la paciencia que necesitan para contribuir a que sus hijos sean libres.

LECCIÓN 3

La verdad nos hará libres

Después de mi apendicectomía, el 15 de diciembre de 2019, empecé a identificarme con otras personas de manera extrañamente intensa. Aunque nadie me lo había contado, tenía infectado el hígado. La debilidad me acercó a la gente, me hizo tener más ganas de escuchar sus historias. Prestaba atención a cosas que en otro momento quizá habría pasado por alto, como las palabras que figuran en los carteles delante de las iglesias, a medida que se aproximaba la Navidad. Uno de esos carteles en el centro de New Haven preguntaba si «estas Navidades tenemos intención de celebrar el recuerdo de una familia de inmigrantes y separar, detener y deportar a las demás». Era un buen resumen de la historia de María, José y el difícil viaje de una embarazada que dio a luz lejos de su casa. La comparación entre sus circunstancias y las de los inmigrantes sin papeles en los centros de detención cercanos me afectó más de lo que me esperaba.

El cirujano que me había operado de apendicitis me dijo que podía viajar tranquilamente, así que fui a Florida a ver al resto de nuestra familia para pasar unas vacaciones navideñas planeadas desde hacía tiempo. Pensábamos que la playa me sentaría bien. Pero las cosas salieron distintas. El 23 de diciembre por la mañana me hospitalizaron en Florida porque sentía un hormigueo en brazos y piernas, pero me dieron de alta al día siguiente sin ningún diagnóstico. El día de Navidad me encontraba mal, y peor aún el 26 y el 27. Empecé a tener ligeras alucinaciones y a reconocer a mis allegados en las caras de extraños. Algunos transeúntes se parecían a mis hermanos. Mi mujer, Marci, decidió que volviéramos con los niños a Connecticut el 28 de diciembre por la noche. Fue un vuelo desagradable.

Después de esas diecisiete horas en las urgencias de un hospital de New Haven, en ese cubículo de la cortina amarilla, el 29 de diciembre, y después de que me intervinieran en el hígado, me trasladaron a la habitación en la que pasé los últimos días del viejo año y los primeros del nuevo furioso y reflexivo. Compartía la habitación con un hombre chino que sufría varias afecciones. Cuando llegué hablaba dos palabras en inglés y cuando me fui, cuatro, por lo que los médicos y los enfermeros se comunicaban con él mediante un servicio de traductores o con la ayuda de su familia. Eso obligaba a que gran parte de las informaciones médicas y personales se transmitieran en voz alta, despacio y repetidamente.

Conseguí averiguar que mi vecino tenía catorce años más que yo, trabajaba de ayudante de camarero, no hablaba mandarín, sino cantonés, y tenía mono de nicotina y alcohol después de cincuenta años de fumar y beber a diario. Este último dato me hizo apreciar más su actitud, amistosa y educada. Cuando vio que daba paseos comprendió que él también podía hacerlo, y siempre me saludaba con una sonrisa cuando nos cruzábamos en el pasillo. Se ponía auriculares para ver la televisión e intentaba no despertarme cuando yo estaba dormido.

Mi compañero de habitación ingresó el día de Año Nuevo, poco después de haber vuelto de China y al día siguiente de que las autoridades de dicho país confirmaran la existencia de un nuevo coronavirus. Poco tiempo después empecé a sufrir un misterioso problema respiratorio. No podía hacer inspiraciones profundas y me costaba hablar. A mis amigos y familiares les preocupaba que solo pudiera hablar por teléfono unos minutos porque enseguida parecía cansado y perdía la voz. Un escáner reveló que mis dos pulmones habían colapsado parcialmente. Los médicos indicaron que el pulmón derecho estaba comprimido por la inflamación del hígado. Pero las imágenes mostraron que el izquierdo estaba mucho más colapsado que el derecho.

Mi compañero de habitación también tenía problemas respiratorios, pero los superó y siguió en el hospital
por otros motivos. Dada la cercanía, no tuve más remedio que observar cómo le trataban y cómo evaluaban
sus síntomas, y me interesó profundamente su historia.
Los análisis de sangre apuntaban en varias direcciones.
Parecía que el culpable era un parásito de algún pes-
cado crudo que había consumido durante su visita a
China. El momento en el que le descartaron el cáncer
fue mi primer instante de felicidad en el hospital. Cuando me dieron de alta le envié buenos deseos a través de
un amigo que los transcribió en un mensaje en mandarín; él escribió una respuesta muy amable que su teléfono me tradujo: «También usted, por favor, cuídese».

Mi compañero de habitación era un ejemplo de dos formas que tiene la medicina de descubrir la verdad. A
veces, el tratamiento consiste en pensar junto con el
paciente, centrarse en una historia y darle sentido. Yo le
oía contársela a los médicos, que quizá prestaban más
atención y recordaban mejor los detalles por el esfuerzo
de comunicación que se requería. Otras veces, la medicina consiste en pruebas, la búsqueda de información
por medios experimentales. Y eso también era importante para mi vecino. Aunque los médicos y enfermeros
no podían comunicarse directamente con él, sabían qué

pruebas hacer, qué síntomas buscar y cómo interpretar los resultados. Dentro de los límites de sus conocimientos clínicos y las pruebas disponibles, podían determinar lo que tenía y lo que no tenía. A principios de 2020, nuestro gobierno federal nos defraudó en ambos sentidos. No hubo ningún debate inteligente sobre la historia de las pandemias ni procedimientos para hacer pruebas relacionadas con la nueva plaga. En enero no hizo lo que era claramente necesario: adquirir un método para hacer pruebas relacionadas con el nuevo coronavirus y realizarlas a escala masiva en Estados Unidos. El gobierno de Trump había desmantelado las secciones del Consejo de Seguridad Nacional y del Departamento de Seguridad Interior encargadas de luchar contra las epidemias, así como una unidad especial de la Agencia de Desarrollo Internacional responsable de predecirlas.[1] Se había retirado a los expertos estadounidenses en salud que estaban en el resto del mundo. El último funcionario de los Centros para el Control y la Prevención de las Enfermedades que estaba destinado en China recibió la orden de volver a Estados Unidos en julio de 2019, unos meses antes de que comenzara la epidemia.[2]

El presidente ya había ordenado recortes presupuestarios para las instituciones de salud pública y, a principios de 2020, anunció su intención de volverlos a hacer. Al comenzar el año, los estadounidenses no disponían de los conocimientos básicos necesarios para tomar sus propias decisiones o presionar a su gobierno para que actuara. El 1 de febrero, el responsable de Sanidad del gobierno federal tuiteó: «La rosa es roja / La violeta es azul / Poco peligro de #coronavirus / Pero alto de gripe».[3] Dado que no se estaban haciendo pruebas, no tenía ni idea de lo que estaba diciendo.

En enero y febrero de 2020, el coronavirus se extendió calladamente por el país.[4] Durante esos dos meses cruciales, en los que las matemáticas del contagio exigían una respuesta urgente y habría sido posible contener la epidemia con pruebas y rastreo de contactos, no hicimos nada de nada. Trump se alababa a sí mismo al tiempo que hacía caso omiso de las advertencias que le hacían.[5] El 24 de enero elogió a China por su reacción ante el coronavirus: «China ha trabajado mucho para contener el coronavirus. Estados Unidos valora enormemente sus esfuerzos y su transparencia. Todo saldrá bien. ¡Especialmente, en nombre del pueblo estadounidense, quiero dar gracias al presidente Xi!».[6] El 7 de febrero renovó sus elogios: «China está mostrando gran disciplina y el presidente Xi está dirigiendo con mano firme una operación que tendrá gran éxito».[7]

Cuando se evacuó de un crucero en el mes de febrero a unos estadounidenses que se sabía que estaban infectados, los llevaron de vuelta a Estados Unidos en un avión con centenares de personas más que no estaban contagiadas.[8]

Después, los que se infectaron durante el vuelo se repartieron libremente por todo el país. Esta increíble chapuza del gobierno federal garantizó la propagación de la enfermedad. Cuando febrero tocaba a su fin, Trump habló de un «milagro» que nos iba a salvar: «Va a desaparecer. Un día será como un milagro, desaparecerá».[9]

El secretario de Comercio predijo que el virus iba a crear empleo en Estados Unidos, mientras su departamento acordaba que los fabricantes estadounidenses vendieran mascarillas de protección a China.[10] A la hora de la verdad, desaparecieron decenas de millones de puestos de trabajo, las tasas de desempleo alcanzaron cotas que Estados Unidos no veía desde la Gran Depresión y la escasez de mascarillas costó vidas de estadounidenses.[11] El 24 de febrero, Trump insistió en que el coronavirus estaba «bajo control».[12] No era cierto. A principios de marzo dijo que cualquiera que quisiera podría hacerse la prueba. Era mentira. A finales de febrero, Estados Unidos solo había hecho la prueba a 352 personas, más o menos el mismo número que compone el último curso del instituto que está a una manzana de mi casa.[13] A esas alturas, Corea del Sur había hecho la prueba a 75.000 personas.

El tiempo desperdiciado en estupefacción y mentiras, los dos primeros meses de 2020, nunca iba a poder recuperarse. A finales de abril, Corea del Sur tenía ya menos de diez nuevos casos diarios, mientras que Estados

Unidos tenía más de 25.000. A finales de abril, en el condado de Connecticut en el que me encuentro convaleciente (con menos de un millón de habitantes) había muerto el *doble* de gente que en toda Corea del Sur (52 millones de habitantes). A finales de mayo había muerto el *triple* de personas en el condado de New Haven que en toda Corea del Sur. No era casualidad. Los siete *condados* de Estados Unidos con más muertes por COVID estaban entre los veinte *países* más afectados.[14] Esa es la verdad llana y simple.

Como la verdad nos hace libres, los que nos oprimen luchan contra la verdad. En todas las catástrofes, especialmente en las que han creado ellos mismos, los tiranos recurren a una mezcla de culpar a otros y encontrar excusas para sí mismos que incluye una parte atractiva que estamos deseando oír. A principios de 2020, como es natural, los estadounidenses querían oír que no había coronavirus en nuestro país. Pero no podemos ser libres si nos dejamos engañar. La historia guarda mal recuerdo del primer ministro británico Neville Chamberlain porque en 1938 dijo a su pueblo lo que este quería oír: que no tenía por qué estallar la guerra. La historia guarda buen recuerdo de Winston Churchill porque dijo a los británicos lo que necesitaban oír: que había que parar los pies a Hitler.

Antes de caer enfermo estaba leyéndoles *El señor de los anillos* a mis hijos. Un noble personaje de la saga de Tolkien, el mago Gandalf, dice siempre verdades no deseadas. Posee grandes poderes, pero no puede salvar el mundo por sí solo. Se propone construir una coalición y, para ello, tiene que convencer a los demás de que existe una amenaza real. Una y otra vez, los más ignorantes hacen caso omiso de Gandalf, le desprecian y le consideran portador de malas noticias. En las novelas, como en la vida, la gente prefiere la ignorancia porque así tiene una excusa para la sumisión: «¿Cómo íbamos a saberlo, qué podíamos hacer?». Esta es una forma de ser humanos, pero no de ser libres. Al final, Gandalf replica que sin conocimiento no hay libertad. Si las personas no pueden identificar una amenaza y hacer los preparativos necesarios, acaban perdiendo la vida y la libertad. No querer saber significa pedir la opresión. No querer saber cosas de una enfermedad significa pedir a los políticos que supervisen nuestro cuerpo y nos manipulen con las emociones que acompañan a las muertes en masa.[15]

La verdad no es fácil. Los hechos no siempre coinciden con lo que creemos, deseamos creer o nos empujan a creer. Los hechos son lo que comprendemos cuando nos situamos a la distancia apropiada entre nuestras emociones y el mundo que nos rodea. Para dejar claros los hechos siempre hace falta algo de trabajo, un trabajo que las máximas autoridades del gobierno federal decidieron no hacer. Habría bastado con un poco de esfuerzo y un poco de valentía para reconocer que existía un problema y organizar pruebas y rastreos. Como no lo hubo, 150.000 estadounidenses murieron innecesariamente.

Una prueba relacionada con una enfermedad implica conocer el microbio y nuestro cuerpo. Cuando hacemos pruebas estamos propagando una realidad objetiva por el mundo, persona a persona. Los conocimientos que se adquieren mediante una prueba están relacionados con nosotros y con el mundo. Se comparten: sabemos lo mismo que los que nos hacen el análisis. Si se hubieran hecho pruebas a los estadounidenses a principios de 2020, habríamos propagado la verdad objetiva por nuestro país y se habría dado a los médicos y a todos los demás cierta idea de qué hacer.

El presidente Trump proclamó que él entendía los misterios del mundo, prometió un milagro a los estadounidenses y pretendió vender una poción mágica. Promocionó la hidroxicloroquina sin ninguna base; de hecho, se ha asociado a tasas de mortalidad más elevadas entre los enfermos y parece que mató a varios veteranos a los que se les administró.[16] Un funcionario federal que, con razón, expresó sus dudas sobre el hecho de que se utilizara dinero público en este fármaco fue despedido.[17] También despidieron a otro que informó de que había escasez de material necesario.[18] Así actúa la tiranía: se expulsa a los que dicen la verdad mientras los aduladores se agrupan. Después, Trump sugirió que quizá la gente debería inyectarse desinfectantes.[19]

No hicimos las pruebas del coronavirus por una razón conocida desde hace miles de años, al menos desde Platón.[20] A nadie le gustan las malas noticias; un gobernante al que nadie controla nunca oye lo que debería de sus lacayos y luego lanza unas ideas falsas, que tal vez incluso se cree, a todos los demás. El resultado es sufrimiento y muerte, lo que significa más malas noticias, de forma que el ciclo vuelve a empezar. En cuanto Trump dejó claro que su prioridad era ver cifras bajas de contagios entre los estadounidenses, la forma más sencilla de complacer al tirano era no contar. El 6 de marzo, el presidente dijo que prefería dejar a unos viajeros contagiados en un crucero porque «lo prefiero, porque me gusta que las cifras se queden como están, no necesito que se dupliquen por un barco que no ha sido culpa nuestra».[21] Dos meses y decenas de miles de muertes innecesarias después, Trump seguía mostrando la misma actitud: «Con tantas pruebas damos una mala imagen de nosotros».[22] El 15 de junio, proclamó: «Si dejáramos de hacer pruebas en este momento, tendríamos muy pocos casos o ninguno».[23] Cinco días después se mostró orgulloso de haber ordenado «hacer menos pruebas».

Este ejemplo de pensamiento mágico era tiránico, engañoso e irresponsable. Tiránico, en el sentido que da

Platón a la palabra, porque revelaba la preocupación del tirano por su propia imagen («las cifras»), más que por la realidad que vivían los demás: en este caso, la realidad de una epidemia que estaba matando a más estadounidenses que ninguna otra desde hace cien años. Era engañoso porque confundía no hacer nada con actuar, la falta de pruebas con la ausencia de infecciones. La negativa de Trump a hacer pruebas no significaba que estuviéramos sanos, sino solo que vivíamos en la ignorancia. Y era irresponsable porque negaba que él y el gobierno tuvieran responsabilidad alguna sobre las vidas de los estadounidenses. Mientras Trump negaba cualquier «culpa», la enfermedad iba extendiéndose por nuestro país, sin que nadie la observara ni la tratara. Su obsesión con que «la culpa» era de un país extranjero hacía que no hubiera nadie a quien echar la culpa aquí. Cuando nadie asume la responsabilidad, nadie tiene que hacer nada.

Los historiadores saben que, antes de que comprendiéramos lo que era la enfermedad, echábamos la culpa a otros, a menudo personas a las que habíamos tratado mal. En el siglo XIV, los cristianos utilizaron la peste bubónica de excusa para asesinar a judíos a los que debían dinero. En los siglos XV y XVI, los marinos europeos introdujeron varias enfermedades nuevas en el Nuevo Mundo y se llevaron una de vuelta. La sífilis llegó en los cadáveres de los marinos españoles, de ahí que los ingleses, al principio, la llamaran «española». Los italianos la llamaban «el mal francés», igual que Shakespeare. Los polacos la calificaban de «alemana» o «americana». Los rusos decían que era «polaca». En el Imperio otomano la llamaban «la enfermedad cristiana».

Después de que se comprendiera el contagio, algunas personas cometían el error científico de vincular grupos enteros con bacterias o virus, o afirmar que unos enemigos ocultos empleaban armas biológicas. En Estados Unidos, los racistas decían que los negros eran vehículos de gérmenes.[24] Los nazis achacaban las enfermedades venéreas, el tifus y la tuberculosis a los judíos. Los estalinistas culpaban de la peste a los estadounidenses, y lo mismo dijeron posteriormente los rusos sobre el sida. Rusia aseguró que el coronavirus era un arma biológica de Estados Unidos ya en enero de 2020.[25] China dijo lo mismo poco después, mientras que algunos políticos estadounidenses culparon a un laboratorio chino de armas biológicas.[26] El Partido Republicano, consciente de que la política de Trump para hacer frente al coronavirus era catastrófica, planeó que sus campañas electorales de otoño de 2020 se centraran en culpar a China de todo.[27]

Considerar la enfermedad como algo extranjero oculta un hecho esencial: empiece donde empiece un contagio, todos somos fundamentalmente iguales en nuestras vulnerabilidades y, por tanto, en nuestras responsabilidades. Utilizar a otro grupo como chivo expiatorio nos aproxima mentalmente al autoritarismo. Primero, creemos a un tirano que nos dice que somos inmunes porque somos inocentes y superiores; luego, cuando enfermamos, creemos que debemos de haber sido víctimas de un ataque injusto de otros, puesto que somos inocentes y superiores. Entonces, el tirano que nos mintió sobre la inmunidad y la superioridad trata de aumentar su poder gracias a nuestro sufrimiento y nuestro resentimiento. Cuando Trump invoca a un «enemigo invisible» para cerrar las fronteras o dice que el coronavirus es «chino», está siguiendo una tradición que confunde y mata.

Es indudable que China tiene la responsabilidad de no haber prestado atención a la realidad del brote.[28] Pero la política de Estados Unidos consistió en repetir los errores chinos, más tarde y durante mucho más tiempo. Y eso solo es culpa de Estados Unidos.

Thomas Jefferson, Benjamin Franklin y otros fundadores de este país formaban parte de la Ilustración, una corriente del siglo XVIII que expresaba la fe en que era posible entender la vida humana a través del estudio de la naturaleza. Uno de los lemas de la Ilustración era «atrévete a saber». Entre los seguidores más valientes de ese lema se encontraban los hombres y mujeres del siglo XIX que desafiaron la sabiduría popular y explicaron los principios del contagio.[29] Sus ideas innovadoras llevaron a la higiene pública y las vacunaciones obligatorias, dos avances que fueron las principales causas de la prolongación de la vida humana en el siglo XX. Por desgracia, la Ilustración puede anularse. Hace falta coraje para reconocer que todos podemos infectarnos y, por consiguiente, todos deberíamos hacernos pruebas. A Donald Trump le faltó coraje, y fuimos demasiados los que seguimos su ejemplo. Conocer el mundo (por ejemplo, el número, la situación y la identidad de las personas infectadas) puede ayudarnos a abordar su crueldad (por ejemplo, una tasa de infección exponencial). Si no aceptamos que formamos parte de la naturaleza, no podemos gobernar ni podemos vivir.[30] Las personas que no se hicieron pruebas tenían más probabilidades de morir y de extender la enfermedad que hacía que otros murieran. Los gobernadores y los alcaldes que carecían de datos fundamentales sobre su gente tardaron demasiado en tomar las decisiones.

Una vez que los políticos se suman a la ignorancia y la muerte, empiezan las bravuconadas y el juego de las culpas. Hay que marginar a los periodistas que hacen las preguntas pertinentes y a los dirigentes locales que salvan vidas, porque ponen al descubierto que los autoritarios son unos cobardes. Los políticos que provocan muertes masivas por sus actos, como hizo Trump, dirán que es un resultado inevitable, que no es culpa suya, que es obra de enemigos, y después distribuirán los fallecidos de la manera que más les convenga. La muerte y el miedo a la muerte se vuelven recursos políticos. En lugar de extender la asistencia sanitaria a todo el mundo, un tirano ve cómo muere la gente y trata de aferrarse al poder manipulando las agitadas emociones de los supervivientes.[31] En Estados Unidos, los que fallecieron antes y más deprisa fueron los afroamericanos, que, en general, no votaban por Trump.

Un tirano ve la enfermedad como una oportunidad y se presenta como el legítimo árbitro de la vida y la muerte. Trump dejó claro que los recursos comprados con el dinero de los impuestos iban a distribuirse en función de la lealtad que le mostraran los gobernadores. El gobierno federal se apartó de la matanza que había provocado y ordenó a los estados que se pelearan entre ellos por el reparto del material médico. Esta competencia sin sentido hizo que subieran los precios del material médico y de protección, lo que agravó aún más la situación. Los gobernadores que intentaban salvar vidas fueron tachados de desleales. Los afroamericanos siguieron muriendo a un ritmo catastrófico.[32]

El Departamento de Justicia pidió competencias para detener a cualquier ciudadano sin juicio;[33] al mismo tiempo, desestimó los cargos contra un hombre próximo al presidente que ya se había declarado culpable.

Trump despidió a inspectores generales de toda la administración federal con la excusa de la pandemia, lo que arrojó dudas sobre el Estado de Derecho y facilitó que la corrupción ocupara el centro mismo de la vida pública.[34] En abril de 2020, la pandemia justificó la supresión de votaciones en Wisconsin. Unas elecciones que podrían haberse aplazado tuvieron que celebrarse, por decisión de los tribunales supremos del estado y la nación, con la gran mayoría de los colegios electorales urbanos cerrados. Como consecuencia, todas las elecciones posteriores quedaron ensombrecidas por las dudas. Trump aseveró que el problema del voto sin trabas era que «nunca volvería a elegirse a un republicano en este país».[35] Criticó el voto por correo, pese a que él mismo lo utiliza. En abril, el presidente animó a los estadounidenses a derrocar por la fuerza («liberar») los gobiernos de sus estados.[36] En mayo, un afroamericano llamado George Floyd, que había padecido COVID-19 y había perdido el trabajo durante la epidemia, murió a manos de un policía de Mineápolis. En la peor tradición de los tiranos, Trump amenazó con una intervención militar para reprimir las protestas que se llevaron a cabo.

Nuestro fracaso durante una crisis de salud pública es señal de hasta qué punto ha decaído nuestra democracia. A medida que hemos avanzado a toda prisa por la vía hacia el autoritarismo durante la presidencia de Donald

Trump, hemos puesto en peligro no solo nuestras libertades sino nuestras vidas. Las democracias en las que se
respeta la ley y hay una prensa sólida reaccionan mejor
ante las pandemias que los regímenes autoritarios.[37] La
combinación de libertad de expresión y libertad de voto
permite que los ciudadanos hagan saber lo que están
haciendo sus gobernantes y sustituyan a los que mienten
en cuestiones de vida y muerte. Cuando la democracia
tiene limitaciones, mueren ciudadanos. Una de las limitaciones de nuestra democracia es la presencia generaliza-
da y no regulada del dinero en la política, que hace que,
en momentos de crisis, las empresas de capital riesgo y
las compañías de seguros tengan más peso en los asuntos
de vida y muerte que los enfermos y los médicos.[38]

En todo el mundo, los líderes autoritarios mintieron
sobre la gravedad de la plaga, aseguraron que sus res-
pectivos países eran inmunes, castigaron a los periodistas que decían la verdad y utilizaron las crisis que ellos
mismos habían creado para consolidar su poder.[39] El
comportamiento de Trump siguió esa misma pauta:
negar la realidad, asegurar que existe una inmunidad
mágica, acosar a los periodistas, transformar un problema causado por él en una prueba de lealtad de los demás y cultivar el miedo como instrumento político. Los
autoritarios dejan que no se cuente a personas que han
fallecido en vez de reconocer que el número de muertes
en su país fue muy elevado.[40]

En Estados Unidos no solo tenemos el mayor número de fallecidos por coronavirus del mundo (desprecio autoritario por la vida), sino también la certeza de que las cifras reales son mucho más altas (resistencia autoritaria ante los hechos). Sabemos que el número oficial de fallecidos en el país es demasiado bajo, porque mucha gente murió cuando casi no se hacían pruebas; porque sigue muriendo gente en todo el país, en casa y en los hospitales, sin que le hagan pruebas; porque hubo un recuento escaso de los casos y los fallecimientos en las residencias de ancianos;[41] porque Florida ha eliminado datos sobre el número de muertos;[42] y porque cada mes hay un enorme exceso de muertes sin explicar.[43]

A la hora de la verdad, los autoritarios tienen pocos incentivos para detener una pandemia, porque la atmósfera de miedo manipulado les favorece. Da la impresión de que se trata de no contar ni a los republicanos que mueren ni a los demócratas que votan. La salud pública necesita democracia, pero una crisis de salud pública en una democracia débil como la nuestra puede ayudar a destruirla. Con la excusa de la pandemia, votar se ha vuelto más difícil. Durante las manifestaciones masivas contra el racismo, Trump ha hecho un llamamiento a la violencia y la dominación. Si hay más abstención en noviembre de 2020, estaremos en una crisis no solo de democracia, sino también de salud pública. Si las mentiras sobre la enfermedad llevan al autoritarismo, podemos estar seguros de que habrá más enfermedad y más mentiras.

Si necesitamos la verdad para ser libres, ¿podrá liberarnos internet? Nos han dicho que los *big data* o macrodatos racionalizarían nuestras decisiones políticas. Silicon Valley no hizo nada por ayudar a la gente en enero y febrero de 2020. Aquellas fueron unas semanas en las que parecía que una rápida recopilación de datos quizá habría podido salvar vidas y la economía. No fue así, porque los macrodatos y los conocimientos que los seres humanos necesitan para salir adelante no son lo mismo. A las máquinas no les importan valores como la vida, la salud y la libertad.[44] Nuestro abrumador poder informático nos aportó muy poca cosa.[45]

Las personas que dirigían las empresas de datos conocían las matemáticas del contagio y enviaron a sus empleados a casa. Ahora bien, ese día, ¿aconsejaron a otros que lo hicieran también? ¿El contenido personalizado de nuestras redes nos recordó alguna vez que nos laváramos las manos y limpiáramos el móvil? No, porque para hacer esas cosas teníamos que interrumpir la conexión. El modelo de negocio de las empresas de redes sociales consiste en que mantengamos la vista en la pantalla y la mano en el ratón para seguir la pista de nuestras emociones y transmitírselas a los anunciantes.

El cuerpo humano inerte es el más rastreable. La era de internet es la era de la obesidad; un tercio de los estadounidenses son obesos, y los obesos son los que corren más peligro de morir por el coronavirus.[46] La palabra *datos* no significa lo mismo que antes. Ahora significa todo lo que no sabemos. Las empresas de redes sociales saben cosas de nosotros, pero nosotros no sabemos nada de ellas, ni sabemos lo que saben de nosotros, ni sabemos cómo lo averiguaron, ni qué tienen intención de hacer con ello. Los macrodatos se refieren habitualmente a cómo manipular nuestra mente para obtener beneficios, y no a cómo nuestro cuerpo pueda encontrarse más a gusto en el mundo. Pueden revelar nuestros anhelos y miedos específicos, pero no nuestras necesidades comunes.[47]

Por ese motivo, los macrodatos no nos dijeron lo que tendríamos que haber adquirido a principios de 2020: decenas de millones de pruebas clínicas y una gran reserva de material protector y respiradores. Desde luego, los macrodatos servían para determinar quién quería hacer acopio de qué y ponerle en contacto con los proveedores chinos. Pero, cuando el brote de coronavirus empezó a poner tantas vidas en juego, los macrodatos no podían descubrir si una persona estaba infectada. Lo único que puede darnos la información que necesitamos en ese momento son las pruebas que hacen unas personas a otras.[48] Los datos que necesitamos son individuales. Y solo los obtenemos si tenemos suficiente fe en la ciencia y la atención como para trabajar juntos. Ninguna máquina puede hacer ese trabajo en nuestro lugar.

Ninguna red social puede mejorar la salud, porque cualquier algoritmo creado con ese fin aconsejaría a las personas que cerrasen el ordenador, se lavaran las manos y se fueran a hacer ejercicio. Ninguna red social puede fomentar la libertad, porque las redes sociales buscan la adicción.[49] Ninguna red social puede promover la verdad, porque la verdad, como comprendió Eurípides hace 2.500 años, necesita que las personas sean audaces.[50] Nos preocupa la libertad de expresión no porque una máquina pueda soltar infinitas basuras en las fauces de nuestros peores instintos, sino porque un ser humano concreto puede decir una verdad que otros no conocen y que el poder desea que permanezca oculta.

Los periodistas son los héroes de nuestro tiempo y, como ha pasado con todos los héroes en todas las épocas, son demasiado escasos. Lo que necesitamos siempre en una democracia, y necesitábamos desesperadamente a principios de 2020, no eran unos macrodatos invisibles, sino pequeños datos: las noticias locales, contadas por periodistas locales para las personas locales, en beneficio de todos. Un motivo por el que el coronavirus se propagó calladamente en Estados Unidos fue que nuestro país carecía del sistema de alerta temprana que en otro tiempo dábamos por descontado: los periodistas que podrían haber advertido que había una enfermedad nueva en sus comunidades.

La información, como las pruebas médicas, es una forma de generar datos. El periodista aspira a ser objetivo, a aproximarse a un suceso manteniendo las emociones al margen. Un periódico local transmite cierto sentido de un mundo compartido; los conocimientos que se obtienen son creíbles. Como las pruebas médicas, el periodismo puede contarnos las cosas que necesitamos oír. La libertad de expresión cobra significado cuando tenemos algo de lo que hablar.

A principios de 2020, los periodistas salvaron vidas de estadounidenses cuando obligaron a un presidente reacio a afrontar, aunque de forma irregular y con retraso, la realidad del coronavirus. Por desgracia, muchos ciudadanos creyeron que el enfrentamiento entre el lenguaje de brujería de Trump y las verificaciones y correcciones de los periodistas era cuestión de discrepancias partidistas. El coronavirus parecía una cosa abstracta porque los estadounidenses tenían poca información o ninguna sobre él. Como la gente no sabía que el virus estaba ya presente en sus comunidades, que los hospitales ya estaban encontrándose con unos problemas respiratorios inesperados y que en las residencias de ancianos ya se acumulaban los cadáveres, pensaba que la conversación en la Casa Blanca era cuestión de política y no de salud, de ideología y no de epidemiología.

El coronavirus era un asunto del que se habría debido informar localmente y no se pudo porque no tenemos suficientes reporteros locales. En la mayoría de los condados de Estados Unidos ya ni siquiera hay un periódico propiamente dicho. Primero, los grandes grupos concentraron los medios. Luego, la crisis financiera de 2007-2008 hizo que muchos periodistas se quedaran sin trabajo. Y a partir de entonces, el ascenso de las redes sociales ha rematado la tarea. Facebook y Google se quedan con los ingresos publicitarios que se repartían antes los periódicos, a pesar de que no informan de noticias.[51]

En los sitios que se han quedado sin periodismo local por culpa de las redes sociales, reinan la desconfianza y la ignorancia. No solo es que falten datos; es que las redes sociales propagan unas falsedades increíbles, incluso sobre la pandemia, que nunca se habrían tolerado en un periódico.[52] La labor de los periodistas reafirmaba los principios de la verdad y del bienestar, por lo que contribuían a crear confianza. A medida que desaparece el periodismo local, los estadounidenses dirigen su atención hacia noticias nacionales, aspectos ideológicos y teorías de la conspiración concebidas para hacer daño.

La mayor parte de nuestro país es hoy un páramo informativo.[53] Los páramos informativos nos matan porque nos privan de la información que necesitamos en nuestra vida diaria y nos crean confusión en momentos cruciales en los que tenemos que actuar para proteger nuestra salud y nuestra libertad. Un ejemplo conocido es el de la contaminación. Sin reporteros locales, nadie comprueba si existen relaciones impropias entre los políticos y las empresas. Los proyectos que contaminan el agua o el aire se hacen realidad sencillamente a base de relaciones públicas. Si no hay prensa local, nadie investiga las quejas sobre las consecuencias para la salud ni hace pruebas del agua y del aire.

En Kentucky, el *Courier-Journal* de Louisville consiguió en otro tiempo que se tuvieran que tomar medidas sobre la minería a cielo abierto, la contaminación del río Ohio y el vertido de fango de las alcantarillas y residuos radiactivos. Ahora que ninguno de sus periodistas (ni de ningún otro medio del estado) se ocupa de temas medioambientales, esas prácticas han dejado de controlarse. Nadie informa sobre las viejas amenazas, como la tala excesiva, la minería mediante remoción de cimas y los peligros de las minas abandonadas. Y habrá nuevos peligros de los que nadie informará y, como consecuencia, causarán muertes.[54]

El gobierno de Trump ha utilizado el coronavirus como excusa para legalizar la contaminación, a pesar de que aumenta las probabilidades de que una persona que haya contraído el virus fallezca. Pero no tenemos periodistas que informen de las consecuencias.[55] Un segundo ejemplo de que los páramos informativos matan es la crisis de los opiáceos, que coincidió con la desaparición de los medios locales. Los habitantes de lugares como el este de Kentucky, el oeste de Pensilvania, Virginia Occidental y el sur de Ohio sabían, mucho antes de que los opiáceos llegaran a los titulares, que la gente estaba atrapada en algo siniestro. Años antes de que los grandes medios se ocuparan de ello, el consumo excesivo de opiáceos era ya como el cáncer: un tema del que no se hablaba en la cena porque seguramente habría alguien afectado en la mesa. Dado que muy pocos periodistas escribían sobre las sobredosis, tardamos diez años en contar con una perspectiva nacional del desastre.

Ahora, las tardías medidas que se tomaron para abordar el problema de los opiáceos corren peligro por la difusión del coronavirus, que hace más difícil la investigación y el tratamiento. Al facilitar una epidemia nueva, hemos ampliado la anterior.[56]

En 2020, la falta de periodistas locales tuvo la misma repercusión en la epidemia de coronavirus que había tenido en los casos de la contaminación y los opiáceos. Nos faltaban unas personas cuyo trabajo habría arrojado claridad sobre una catástrofe nacional. Todavía no sabemos qué comunidades fueron las primeras que se vieron afectadas. Meses después de que estallara la pandemia, millones de estadounidenses seguían reaccionando a las insinuaciones y los guiños de Washington, porque no disponían de periodistas locales que les dijeran que la enfermedad estaba contagiándose ya a sus vecinos. Las teorías de la conspiración se difundían porque las redes sociales habían ocupado el sitio de los periódicos locales. La propaganda de Rusia o China llegaba a las conversaciones familiares con más facilidad que las realidades del barrio.

Fueron periodistas locales los que escribieron las semblanzas de los fallecidos.[57] Fueron ellos los que escribieron sobre la tremenda mortandad en las residencias de ancianos. Los periodistas locales encontraron algunos de los sitios en los que se habían abandonado los cadáveres y documentaron algunos nombres de los médicos y enfermeros fallecidos. Ellos pusieron al descubierto algunas ocasiones en las que los estados ocultaban datos de mortalidad. Por desgracia, podemos estar seguros de que la mayoría de esas historias se perdieron, simplemente, porque no había suficientes periodistas para informar de ellas.

Adam Mickiewicz, un gran poeta romántico, comenzaba un famoso poema con estos versos:

¡Lituania! ¡Patria mía! Eres como la salud.
Solo el que te haya perdido sabe tu verdadero valor.

La salud es así, en efecto; la valoramos al perderla. Y la verdad es como la salud: la echamos de menos cuando se desvanece. Comprendemos la importancia de los conocimientos médicos y las informaciones locales cuando están desapareciendo.

Cuando uno pierde la salud del todo, cuando muere, desaparece hasta el anhelo de estar sano. Con la verdad ocurre algo similar. A medida que perdemos a las personas que comunican realidades, corremos peligro de perder la idea misma de verdad. Y la muerte de la verdad facilita la muerte de las personas, porque la salud necesita el conocimiento. La muerte de la verdad también facilita la muerte de la democracia, porque el pueblo solo puede gobernar cuando dispone de los datos suficientes para defenderse del poder. Más de 150.000 conciudadanos nuestros han muerto innecesariamente porque se negó la verdad a los estadounidenses. Ahora necesitamos saber la verdad de lo que ha sucedido, para que no vuelva a ocurrir.[58]

No podemos ser libres si no tenemos salud, y no podemos estar sanos sin saber. No podemos saber por nuestra cuenta, como individuos: necesitamos una fe general en el valor de la verdad, unos profesionales cuyo trabajo sea comunicar hechos y unas instituciones robustas que los apoyen. Este es un ejemplo de la paradoja de la libertad: no podemos ser nosotros mismos sin ayuda; no podemos salir adelante en soledad, sin la solidaridad de los demás. Solo podemos encontrar el equilibrio entre soledad y solidaridad cuando compartimos un mundo objetivo que nos permite ver el sentido general de nuestros actos. Durante una pandemia podemos escoger la soledad porque somos solidarios con otros a los que deseamos que vivan y prosperen. Los periodistas locales nos advierten sobre los peligros, nos ayudan a ver los retos y nos protegen de las abstracciones divisivas de la ideología y las emociones adictivas de la tecnología.

Mientras escribo estas páginas seguimos necesitando hacer muchas más pruebas de coronavirus. En el futuro tendremos que contar con una política sostenida de apoyo al periodismo local independiente. La reacción ante la pandemia puede desembocar en el restablecimiento de la verdad y la aplicación de la verdad a la salud. En 2009 deberíamos haber ayudado a los periódicos locales; en 2020, también. Ahora pueden renovarse con un impuesto a las redes sociales que aprovecharon sus esfuerzos y destruyeron su sustento, con lo que dejaron el país más pobre de espíritu y con peor salud.

Sin embargo, el compromiso con la verdad no debe quedarse en el reflejo de evitar las muertes masivas. También debemos recordarnos a nosotros mismos lo que sabemos acerca de llevar una vida sana. Nuestro sistema actual de medicina como negocio no nos enseña bien los principios esenciales. La centralización de los medios tradicionales en Estados Unidos acabó derrumbándose en el agujero negro de las redes sociales, que consumen noticias sin generarlas. Del mismo modo, la centralización de la medicina mercantilizada debilita la voz de los médicos y los convierte gradualmente en portavoces de las empresas que poseen hospitales o venden fármacos. Cada vez es más difícil escuchar los conocimientos de los médicos, hasta que acaban desplazados por lo que sirve para ganar dinero.

Los médicos tienen sus propios métodos de descubrir la verdad: mediante pruebas científicas, pero también dialogando con los pacientes. Ellos pueden ayudarnos a restablecer el mundo real, pero solo si los tratamos con el respeto que merecen.

LECCIÓN 4

Los médicos deben estar al mando

Ahora que soy padre y mis padres son abuelos, pienso más en lo que aprendí de ellos en mi infancia, durante lo que mi madre llama la «nebulosa» de los años setenta. El tiempo que mi padre y ella pasaron con mis dos hermanos y conmigo durante nuestros primeros años sigue siendo importante, cada día, décadas después. En sus cumpleaños trato de reconocer lo que vale eso y de recordar alguna anécdota concreta con ellos. Sin embargo, el cumpleaños más reciente de mi madre me lo perdí porque estaba hospitalizado en Florida.

Durante los dos días y la noche que pasé en el hospital, del cumpleaños de mi madre a Nochebuena, estaba demasiado preocupado para dormir. Tenía los pies y las manos calientes y con hormigueo. Me habían hecho numerosas pruebas durante todo el día, pero no había ningún médico para comentar los resultados. Así que miraba por la ventana. Vi aparecer la luna en el cielo y la contemplé durante toda la noche. Los dibujos que hice de ella en mi diario parecen obra de un niño. Cuando empezó a salir el sol por detrás del hospital, seguí mirando la luna, intentando grabarla en el cerebro hasta que desapareció. Tembló, se esfumó y reapareció tres veces antes de desvanecerse de forma definitiva. Al despuntar el día vi un enorme complejo de edificios hospitalarios, cada uno pintado de un color pastel que pretendía ser alegre. Las paredes brillantes terminaban bruscamente en tejados planos de asfalto negro que estaban cubiertos de basura. Se veía que soplaba viento, porque las bolsas de plástico, llenas de aire, flotaron de un lado a otro sobre los tejados durante todo el día. Me fijé en las bolsas, me pregunté de dónde procedían, qué contenían y qué animal iban a estrangular en qué parte del Golfo de México. Al mirar hacia abajo vi a gente que iba y venía, también envuelta en colores luminosos. Debía de estar encima de una entrada de personal, porque casi todos los que entraban o salían debajo llevaban batas sanitarias. Solo unos cuantos eran médicos. Aunque había ingresado en urgencias y me habían hecho pruebas para descartar enfermedades letales, tampoco vi a muchos médicos dentro del edificio. Durante la primera media jornada, en un pasillo de urgencias, una médica estuvo conmigo tres minutos y me transmitió una idea bastante clara de la espectacular muerte que podían presagiar mis síntomas. Vi a otro médico durante la punción lumbar, si estar tumbado boca abajo con una aguja en la espalda cuenta como «ver». Unos radiólogos interpretaron los resultados de mis escáneres, pero yo no los vi, ni a ellos ni sus informes. Un hospitalista habló conmigo cinco minutos y otro, cuatro, y hablé con un neurólogo por Skype durante quince minutos (no se puede examinar el sistema nervioso por Skype). No es gran cosa, pero es lo típico. En los hospitales estadounidenses, nunca parece que haya un médico responsable de cada caso, y a los pacientes les cuesta encontrar a alguien con autoridad con quien poder hablar. Existe un desequilibrio entre la técnica de las pruebas y la técnica de la conversación. Desde luego, también es posible pasarse por el otro lado, como les ocurre a veces a los alemanes y los austriacos, y evitar santurronamente pruebas y medicamentos (sobre todo antibióticos) cuando sí son necesarios. La primavera del año pasado, mi hijo sufrió una neumonía bacteriana en Viena, y tuvimos verdaderas dificultades para convencer a los médicos de que le hicieran análisis para ver si se trataba de una infección de ese tipo. Él no se quejaba lo suficiente, como yo, y unos médicos varones no se tomaron suficientemente en serio a su madre, por lo que el sistema, que se basa en hablar, falló. Dicho esto, una vez hecho el diagnóstico, lo tuvieron ingresado en el hospital todo el tiempo necesario, recibió una atención magnífica de médicos y enfermeros, y no nos cobraron nada. Ingresó el día que cumplía nueve años en el mismo hospital en el que había nacido, y el personal hizo grandes celebraciones.

Cuando caí enfermo en Múnich el pasado mes de diciembre, también tendría que haberme quejado más y los médicos deberían haber utilizado más la tecnología. Si me hubieran hecho un TAC, seguramente habrían visto el apéndice inflamado y habrían procedido en consecuencia, con antibióticos o cirugía. Por otra parte, si me hubieran tratado en Alemania, habría estado mucho más tiempo en el hospital, me habrían dado los antibióticos adecuados y me habrían tenido en observación. El desastre de Estados Unidos, de que me echaran del hospital nada más sacarme el apéndice sin ninguna información sobre una segunda infección, habría sido imposible e incluso inimaginable. Esa situación fue la que me llevó, sin yo saberlo, al hospital de Florida. Este, aunque no tenía muchos médicos, sí contaba con un número impresionante de voluntarios, ancianos con pantalón corto caqui y gorra de béisbol que siempre estaban listos, con un saludo amistoso, a llevar a los pacientes de un edificio pastel a otro en veloces carritos de golf. También visitaban a los enfermos en las habitaciones y se ofrecían a ayudar en lo que hiciera falta. Por lo visto, cuando estoy recibiendo tratamiento médico soy invariablemente educado y tengo buen conformar; cuando un voluntario me preguntó qué tal había sido mi experiencia en el hospital, dije que todo era estupendo. Lo único que quizá destacaría, añadí, era que no había visto a casi ningún médico. Dije también que los enfermeros y los auxiliares nunca parecían saber cuándo iban a ser las rondas de los médicos y ni siquiera quién estaba de guardia. «Le sorprenderá saber –dijo el amable anciano– que es lo que dice todo el mundo».

Lo malo no es que los médicos no quieran trabajar con los pacientes. Como estamos viendo durante la pandemia de COVID-19, los médicos trabajan muchísimo y arriesgan la vida intentando salvar a otros.[1] Lo malo es que los médicos influyen muy poco en lo que pasa a su alrededor y pierden tiempo y energía en apaciguar a los que tienen más poder. Han dejado de tener la autoridad que esperan y necesitan los enfermos. Cada día, los médicos tienen que fingir ante los pacientes que son más importantes de lo que son. Si los enfermos supieran hasta qué punto ha llegado la servidumbre de los médicos, probablemente irían menos a los hospitales, y estos ganarían menos dinero. Los médicos de Estados Unidos están convirtiéndose en adornos de anuncios, hombres y mujeres de paja que, con sus sonrisas entrenadas, deben cubrir los huecos de nuestro irregular mosaico de hospitales que compiten entre sí.[2]

En la pandemia se cayó el velo y vimos que los médicos no cuentan ni en la sociedad ni en la política. El coronavirus representó una bonanza económica para personas con intereses diversos, como, por ejemplo, los dueños de locales comerciales. Se abrieron las compuertas para las empresas que trabajaban para la campaña presidencial de Trump[3] o cuyos propietarios le habían hecho donaciones.[4] El distrito más rico de Estados Unidos recibió dos millones de dólares en subvenciones sin que los motivos estuvieran muy claros.[5] Las compañías de seguros y las empresas de capital riesgo tenían voz y voto en las directrices políticas; los médicos y los pacientes, no.[6]

Aunque la crisis económica de 2020, en realidad, deriva de una crisis de salud pública, no se ha pedido nunca a los médicos que hicieran recomendaciones. Cuando se negoció el rescate, hubo muy pocos médicos y enfermeros en televisión proponiendo formas de gastar el dinero. Nuestro gobierno federal consiguió gastar dos billones de dólares sin comprar lo que de verdad necesitábamos: pruebas, mascarillas, batas y respiradores. Hasta principios de marzo, la estrategia del gobierno de Trump consistió en exportar mascarillas a China. En marzo de 2020 no llegó un solo envío de mascarillas médicas N95 a Estados Unidos.[7]

Todavía estoy en tratamiento y sometiéndome a análisis, así que veo algunas consecuencias de esa política. Me puse nervioso cuando tuve que hacerme una ecografía y el técnico no llevaba mascarilla y no dejaba de toser. Si los médicos hubieran tenido el mando, esas escenas no se habrían producido. Para empezar, no habría habido epidemia, porque las pruebas habrían sido una prioridad desde el principio. Si los médicos hubieran tenido la autoridad debida, no habrían intentado luchar contra una pandemia sin el material necesario. Si los médicos hubieran tenido influencia, no habrían tenido que aventurarse en salas invadidas por una enfermedad infecciosa, días tras día y durante meses, sin la cantidad suficiente de mascarillas.

La vecina de enfrente de mi casa, médica y con tres hijos pequeños, que estaba tratando a enfermos de COVID en el hospital local, utilizó la lista de correo de nuestra manzana para preguntar si alguien tenía mascarillas de sobra: «En el hospital se han acabado las mascarillas N95 de talla pequeña (la mía)».[8] Incluso en los hospitales mejor equipados, entre los que estaba el suyo, a los médicos estaban dándoles una mascarilla a la semana, cuando se suponía que las mascarillas eran desechables. Al irse a casa metían las mascarillas en bolsas de papel con su nombre y volvían a utilizarlas al día siguiente. Los médicos de Corea del Sur parecían sacados de una película de ciencia ficción; los de Estados Unidos parecía que venían del Ejército de Salvación.

En todo el país, el personal hospitalario tuvo mucho más contacto con el virus del que habría debido. Sin pruebas ni equipos personales de protección, se enfrentaban a riesgos que no podían calcular ni evitar. Y no podían hablar abiertamente de los peligros, porque a los dueños de los hospitales privados les interesaba proteger su marca. En la medicina mercantilizada, se supone que los médicos son rostros planos, sonrientes y pixelados en vallas publicitarias y vídeos de promoción hechos por la empresa, no personas reales con preocupaciones reales sobre el cuerpo de sus pacientes y el suyo propio. Hubo médicos y enfermeros a los que se despidió por llevar su propio material de protección al trabajo, porque eso ponía al descubierto que las reservas de los hospitales eran insuficientes. La medicina mercantilizada coartó la libertad de expresión. Nos enteramos mucho menos de lo que habríamos debido de todos estos escándalos porque los médicos y los enfermeros tenían órdenes de sus jefes de permanecer callados.[9] El presidente de la Asociación Americana de Medicina tuvo que rogar que se respetara «la libertad de los médicos para defender los intereses de sus pacientes».[10]

Cuando estaba gravemente enfermo hablaba a menudo con mi suegro, que es médico. Además de su consulta privada, su puesto en el hospital y sus clases, es el responsable médico de una residencia de ancianos en Pensilvania. Se contagió de la enfermedad allí; un cuidador de la residencia falleció, así como once residentes. Su mujer sufrió un ictus, como consecuencia, al parecer, de un trombo relacionado con la COVID-19. No le hicieron ninguna prueba, así que es imposible saberlo con certeza. Lo que sí puedo decir con seguridad es que ya no recuerda los nombres de sus nietos.

Cuando Ohio empezó a hacer pruebas, la quinta parte de los resultados positivos correspondían al personal médico.[11] En todo el país fallecieron médicos; entre ellos, un doctor muy querido de un hospital público que decidió correr el riesgo para tratar a los enfermos de COVID[12] y una médica de urgencias que se suicidó después de haber visto demasiadas muertes por coronavirus.[13] También murieron enfermeros:[14] una que trabajaba en una prisión; otra que estaba cuidando a una colega enferma del virus; otro cuya hija creía que era invencible, otra a la que su hija envió un mensaje que decía: «No podemos vivir sin ti».[15] La primera víctima conocida en San Luis fue una enfermera afroamericana.[16] Auxiliares, técnicos, paramédicos, celadores: todos se contagiaron. Cuando estaba en el hospital me parecía que el trabajo de los limpiadores era probablemente el más importante. También ellos enfermaron. Un conserje que había luchado en la guerra del Golfo falleció.[17]

En las residencias de ancianos murieron docenas de veteranos.[18] Trump no dejaba de llamar «guerra» a la plaga, lo que incitaba a preguntarse cuántos virus habían detenido nuestros 700.000 millones de dólares de gasto militar anual (ninguno). El dinero que se gasta en la defensa común estaría mejor empleado en salud pública. La comparación de Trump con la guerra era inconveniente, porque hacía que su incompetencia autoritaria pareciera el resultado de un ataque inesperado del enemigo. Pero, si estamos en guerra, es una guerra en la que el comandante en jefe despreció todas las advertencias y después envió tropas al frente sin armas ni protección. Es una guerra en la que los soldados no tienen derecho a contar lo que han visto; es una guerra, no de una generación silenciosa, sino de una generación silenciada. Es la guerra que se ha cobrado más vidas de estadounidenses desde la Segunda Guerra Mundial, y todavía estamos a tiempo de que eso cambie también.

Cuando caí enfermo, me costó permanecer ingresado el tiempo suficiente para que me dieran el diagnóstico y el tratamiento que necesitaba. Las tres primeras estancias fueron de una noche. Con que solo una de ellas hubiera durado un día más, es probable que me hubieran diagnosticado y tratado antes, y nunca habría estado tan cerca de morir. Cada vez que estaba en un hospital en Estados Unidos sentía que me presionaban para que me fuera. La noche en la que estuve a punto de morir, en el vestíbulo del hospital, no noté ninguna preocupación ni me sentí bienvenido. Incluso en el cubículo de urgencias, el 29 de diciembre, percibí una atmósfera extraña. Al día siguiente, cuando pude moverme un poco, escribí en mi diario: «Han dicho agotamiento. ¿Gripe? Me dan líquidos. ¿Quieren que me vaya? Hoy dicen septicemia». La medicina como negocio significa tensión por las camas. Cuando la epidemia de coronavirus llegó a Estados Unidos no teníamos suficientes camas de hospital. Al principio quizá pareció extraño: ¿acaso las epidemias no son hechos periódicos y puede haber muchas ocasiones en las que se necesitan más camas de las habituales? El motivo de que nunca haya camas de sobra, de que los estadounidenses a los que se les ha practicado una apendicectomía se vayan a casa demasiado pronto y a las madres se las eche del hospital de forma prematura es la medicina mercantilista. El cálculo fundamental es el económico.

Para comprender la escasez de camas, resulta útil pensar en las entregas en fecha y hora programadas. A las empresas les gusta tener el espacio justo que necesitan para trabajar y vender, ni más ni menos. Para un hospital, el cuerpo humano es el objeto que hay que entregar, modificar y despachar a tiempo. Nunca debe haber demasiados cuerpos ni demasiados pocos. Tiene que haber el número exacto de cuerpos para el número exacto de camas. Los buenos médicos, enfermeros y auxiliares se oponen a esta lógica todo el tiempo, pero están luchando contra los elementos.

Tener camas preparadas cuesta dinero.[19] En la medicina mercantilizada de Estados Unidos, ningún hospital va a mantener una reserva de camas si no lo hacen otros hospitales. Dado que la lógica económica pesa más que la lógica médica, lo normal es que el país no esté nunca preparado para una epidemia. Nunca puede haber reserva de camas ni, por supuesto, reserva de material de protección ni respiradores. Los gestores que suman beneficios trimestrales no pueden tener en cuenta las pandemias, que se producen aproximadamente una vez cada diez años.[20] Cuando estalla una, se dice que es una situación excepcional y las carencias hacen que la emergencia sea más grave de lo que debería. Entonces empieza a circular el dinero, pero no hacia donde les gustaría a los médicos, puesto que nadie les pregunta, sino hacia los sectores económicos que gritan más alto. Es lo que ha sucedido ahora, y con la medicina como negocio seguirá ocurriendo.

Es triste decirlo, pero, en el hospital, un cuerpo es un objeto. Unos auxiliares amables, unos enfermeros competentes y unos médicos honrados tratan de humanizarlo, pero topan con el sistema. Un cuerpo genera ingresos si tiene una enfermedad adecuada durante el periodo de tiempo apropiado. Ciertos tipos de enfermedades, especialmente las curables (o supuestamente curables) con cirugía y fármacos, permiten ganar dinero. Nadie tiene incentivos económicos para hacer que estemos sanos, curarnos o incluso mantenernos con vida. La salud y la vida son valores humanos, no económicos; un mercado no regulado en el sector de la salud de nuestros cuerpos produce enfermedades rentables, más que personas sanas. Por supuesto, los hospitales están llenos de personas que sí se preocupan por la salud; lo sé por los médicos que me decían la verdad, los enfermeros que me daban consejos y ánimos, los técnicos que me explicaban en qué consistían las pruebas, los celadores que animosamente hablaban de cosas intrascendentes mientras empujaban mi cama, la auxiliar que encontró la forma de atar la bolsa conectada a mi hígado para que pudiera pasear o las limpiadoras que adaptaban sus horarios para que el suelo de mi habitación no estuviera resbaladizo cuando intentase levantarme de la cama. Pero los hospitales, como instituciones, tienen un incentivo para echarnos a la calle cuando disminuye la entrada de dinero, que no es lo mismo que un incentivo para devolvernos la salud. Las compañías de seguros tienen incentivos para no pagar las pruebas y los tratamientos.

Cada vez que un médico o un enfermero ve a un paciente, cada vez que le hacen una prueba, los algoritmos del hospital se pelean con los de la compañía de seguros para saber quién va a ganar más dinero y cuánto. Los hospitales tienden a llevar a cabo los procedimientos rentables, independientemente de si tienen a las personas más apropiadas o no. Por ejemplo, si un recién nacido tiene una cardiopatía complicada, es posible que el hospital infantil de su ciudad no le remita a un cirujano de otro hospital, que es el que mejor hace esa difícil operación, sino que asegure que sus cirujanos están perfectamente cualificados, aunque no sea verdad. El resultado es que el niño sufre y acaba falleciendo.[21]

En el otro extremo de la vida, los implantes quirúrgicos son un ejemplo más de los casos en los que la medicina mercantilizada da más importancia a los beneficios económicos que a la salud. La primera vez que me di cuenta fue cuando al director de mi tesis doctoral tuvieron que operarle de la cadera. Este veterano historiador había visto muchas cosas en su vida: era superviviente del Holocausto, el hijo de Wanda. En su mesa fue donde estuve viendo la fotografía de ella durante un cuarto de siglo. Había vivido en la Polonia comunista, donde contribuyó a organizar una universidad clandestina y acabó internado en un campo de prisioneros bajo la ley marcial.

Durante casi todo el tiempo que lo conocí fue un hombre en forma, que iba a esquiar todos los inviernos. Cuando le visité en el hospital después de la operación, pensé que su implante de cadera auguraba mejor movilidad. La realidad fue que sufrió más que antes, nunca volvió a andar debidamente y murió exhausto de dolor.

En Estados Unidos, los implantes no están sujetos prácticamente a ninguna regulación. No disponemos de ningún registro para saber qué piezas hay en el interior de qué cuerpos. Como los criterios legales son tan laxos como los normativos, ni siquiera sabemos nada de las demandas por los sufrimientos y las muertes causadas por implantes defectuosos. Es probable que sean una de las primeras causas de muerte en el país, quizá incluso la primera.[22] Pero son una fuente de dinero. Otro conflicto entre el beneficio económico y la misión de curar se produce en el tratamiento de las infecciones. La septicemia que estuvo a punto de matarme era bacteriana. Una vez identificada la bacteria, pudieron administrarme el antibiótico apropiado, que me eliminó la infección de la sangre. El absceso de mi hígado es una infección bacteriana, así que también tomo antibióticos. Por desgracia, las bacterias evolucionan y desarrollan resistencia a los medicamentos, lo que significa que es necesario cambiar de antibiótico constantemente. Cada año mueren decenas de miles de estadounidenses porque la resistencia a los antibióticos impide curar las infecciones. Pero como la resistencia significa que los antibióticos nuevos pueden quedar obsoletos, las empresas farmacéuticas vacilan a la hora de invertir en su desarrollo.

Cuanto más empeora el problema de la resistencia a los antibióticos, menos se esfuerza el mercado en encontrar soluciones. La mayoría de las grandes compañías farmacéuticas han dejado la investigación en antibióticos.[23] Si se aplica la lógica capitalista pura a la salud, ganan las bacterias.

Los especialistas en beneficios económicos han conseguido abrirse paso en el espacio físico y mental que antes controlaban los especialistas en medicina. Cuando los programas informáticos son los que determinan cuántos pacientes se pueden encajar en un día de forma rentable, los médicos se convierten en instrumentos. Después, las máquinas entran triunfalmente en los hospitales. Los enfermeros están ya separados de los enfermos por unos ordenadores móviles que llevan consigo a todas partes: jefes robotizados y dictatoriales. La primera vez que el paciente ve a un enfermero o enfermera, es muy probable que esté más pendiente de la pantalla que del enfermo. Las consecuencias en el tratamiento son terribles, porque el paciente deja de ser una persona para convertirse en una lista de tareas. Si tiene un problema que no está relacionado con lo que aparece en la pantalla, a algunos enfermeros les cuesta darse cuenta y prestar la debida atención. Por ejemplo, después de mi primera operación de hígado, me pusieron mal la sonda hepática. Era un problema grave, pero fácil de solucionar. Sin embargo, aunque durante cuatro días traté de llamar la atención sobre ello, no lo conseguí. No estaba en las listas. Así que tuvieron que operarme por segunda vez.

Cundo leí mi historial médico, me sorprendió ver cuántas veces habían escrito los médicos lo que les convenía, más que lo que era cierto. No se les puede culpar: están atrapados en un sistema de registro de datos terrible que les quita tiempo y dinero. A la hora de introducir sus notas, tienen las manos atadas por las opciones que les ofrece el sistema digital, que están pensadas para obtener los máximos ingresos. Los registros médicos digitales no tienen las ventajas que podríamos esperar para la investigación; son digitales en el mismo sentido que lo es un lector de tarjetas de crédito o un cajero automático. Ayudan poco a reunir datos que resulten útiles a médicos y pacientes. Durante la pandemia de coronavirus, los médicos no podían usarlo para comunicarse entre sí acerca de síntomas y tratamientos. Como explicó un doctor: «Las notas se utilizan para facturar, decidir el nivel de servicio y documentarlo, y no para su propósito original, que era transmitir nuestras observaciones, hacer valoraciones y planificar. Nuestra tarea más importante ha quedado postergada por las facturas».[24]

Los médicos odian esta situación. Los de más edad dicen que las cosas estaban mejor en su época; y, lo que es más interesante, los médicos jóvenes están de acuerdo. Se sienten aplastados por todos los intereses que los controlan y echan de menos la autoridad que tenían en otro tiempo o que preveían tener cuando decidieron estudiar Medicina. Los jóvenes eligen la carrera por motivos loables y luego descubren que sus jefes se aprovechan de su deseo de desempeñar una misión. Presionados para ver al mayor número de pacientes posible, acaban sintiéndose como engranajes de una máquina.

Acosados sin cesar por empresas que quieren poner todos los aspectos de la medicina al servicio de los beneficios económicos, les cuesta recordar que tenían una vocación noble. Atormentados por unos registros digitales a los que tienen que dedicar tanto tiempo como a cuidar de los pacientes y torturados por los móviles obligatorios, que les impiden pensar, pierden la capacidad de concentrarse y comunicarse. Y, cuando los médicos pierden su poder, no nos enteramos de lo que necesitamos para ser sanos y libres.

Durante la pandemia era difícil obtener atención médica de ningún tipo, porque los hospitales se reorganizaron para tratar el nuevo coronavirus. La falta de material mató a los contagiados por el coronavirus y a quienes los atendían. Pero nuestras carencias mataron también a infinitas personas que se quedaron sin sus operaciones de cáncer o trasplantes de órganos, o que simplemente necesitaban ver a un médico en la primera fase de una enfermedad que nunca debería haber evolucionado más, pero que, sin los debidos cuidados, lo hizo. Como los hospitales no podían practicar cirugías rentables durante la pandemia, despidieron a muchos médicos justo cuando los enfermos más los necesitaban.

¿Por qué son tan importantes los grandes hospitales para la atención sanitaria básica? En la medicina mercantilizada, los hospitales están diseñados para que los «proveedores» (médicos, enfermeros, médicos residentes) suministren ciertos productos a un precio determinado. Pero la salud es sobre todo cuestión de educación y prevención, unas tareas que se llevan a cabo mejor fuera de los hospitales. ¿No estaríamos todos más sanos si contáramos con más opciones de salud pública y más acceso a médicos en todo el país e incluso en nuestras casas? Las visitas de médicos a domicilio previenen enfermedades y animan a los pacientes a continuar su tratamiento.[25] La gente se encuentra mejor cuando puede ver a un doctor en persona. Los médicos deberían atender en miles de consultas repartidas por todo el país e incluso ir a los hogares. ¿Por qué tener acceso fácil a un médico parece un sueño?

Las presiones y las complejidades de las relaciones con los seguros y la gestión de los historiales médicos obligan a los profesionales a asociarse en grupos que son adquiridos por compañías de capital riesgo para formar empresas más grandes, o por hospitales que, a su vez, acaban siendo comprados por otros hospitales. Los oligopolios regionales devoran todo lo que está a su alcance, en la medida en que las compañías de inversión tienen prisa por lograr beneficios antes de pasar a otra cosa. Durante la pandemia de coronavirus, que un hospital contara con el personal necesario no dependía de las necesidades locales, sino de hojas de balance a escala nacional.[26] Ninguna de estas cosas tiene nada que ver con el trabajo fundamental de un médico. Como escribió Benjamin Franklin en otro contexto: «La enfermedad consiste en los *enormes salarios, emolumentos y clientelas* de los grandes despachos».[27] Un médico que desee trabajar por su cuenta en la comunidad debe tener vocación, estar dispuesto a ganar menos dinero y necesita contar con ayuda. Una amiga de mi familia que vive en Ohio siempre había querido ser médica de cabecera. Lo consiguió durante un tiempo, pero solo porque su marido, con una gran formación en matemáticas y talento para los ordenadores, decidió dedicarse a tiempo completo a lidiar con los seguros y los registros. Es evidente que no todo el mundo puede hacerlo.

La gente necesita médicos cerca de su casa. Necesita un médico conocido y que la conozca, que siga su historial, que se haga cargo cuando surge una crisis, que se sienta responsable. Necesitamos un sistema de salud que comience donde viven los ciudadanos, en lugar de esperar que ellos lo sepan todo, o que dominen el complicado papeleo, o que paguen honorarios ocultos.

El acceso a la asistencia sanitaria es un problema en las ciudades, donde las urgencias acaban siendo el primer y único recurso. Pero todavía es más difícil de encontrar en amplias zonas rurales y fuera de las ciudades, donde los médicos escasean y los hospitales están lejos unos de otros. En el último decenio han cerrado aproximadamente 120 hospitales en las zonas rurales de Estados Unidos.[28] Dos de ellos lo hicieron en marzo de 2020, durante la pandemia. La gente que se contagiaba en las zonas rurales tenía más probabilidades de morir sin esos hospitales.[29] La primera persona conocida que falleció de coronavirus en Virginia Occidental acababa de quedarse sin su hospital local.[30]

Ganarse la vida como médico de cabecera en las ciudades y los barrios residenciales es difícil, pero fuera de ellos es prácticamente imposible. No es que los médicos no quieran dedicarse a ese trabajo; para algunos es su verdadero sueño. Sencillamente, es difícil salir adelante aconsejando y curando a los pacientes de forma individual. Los especialistas ganan más dinero, y los médicos jóvenes, en Estados Unidos, suelen estar cargados de deudas. Por consiguiente, son muy pocos los que deciden ser pediatras e internistas.[31] Y la geriatría, el cuidado de los ancianos, está desapareciendo por completo.[32]

Uno de los motivos por los que los especialistas ganan más dinero que los médicos de familia es que la cirugía es más fácil de plasmar en una factura y de cobrar a las compañías de seguros que la atención primaria. Sin embargo, la atención primaria es lo más importante para nuestra salud y, sobre todo, para la salud de nuestros hijos. Una vez más, lo rentable no es lo saludable. El nuevo coronavirus ha empeorado toda esta situación. La gente no quiere ir a ver a su médico de cabecera, lo que hará que muchas consultas cierren. El rescate que aprobó el gobierno fue a parar a entidades que no tenían nada que ver con la medicina; las instituciones médicas que sí recibieron atención fueron los grandes hospitales. Y eso significa que los médicos más importantes corren peligro de quedar excluidos del sistema.[33] El coronavirus podría desembocar en una medicina mercantilista todavía más centralizada, que es todo lo contrario de lo que necesitan los estadounidenses.

Si valoramos la salud, podemos cambiar lo que es rentable. No debería ser difícil curar a los pacientes de forma individualizada. Los médicos no son perfectos, como he tenido ocasión de ver. Pero, en un sistema mejor, un mal médico se vuelve mediocre, uno mediocre se vuelve aceptable, uno aceptable se vuelve bueno y uno bueno se vuelve extraordinario. Los médicos son las personas formadas tanto en el aspecto científico como en el aspecto humanístico de la sanidad. Cuando pensamos en la medicina pensamos en ellos, no en las empresas que se ocultan detrás de sus fotografías en las vallas publicitarias. Si les otorgáramos la autoridad que merecen, todos estaríamos más sanos y seríamos más libres.

Hay que acabar con los grandes grupos médicos a través de leyes antimonopolio. A los médicos que prestan atención primaria en zonas desfavorecidas se les deberían perdonar sus deudas. Ordenar a los médicos que guarden silencio debería ser ilegal. Habría que situarlos al frente de unos organismos federales renovados que se encarguen de la planificación y la respuesta frente a las epidemias. Y habría que convocarlos para que ayuden a diseñar un sistema en el que todos los estadounidenses tengamos seguro y acceso a la atención que necesitamos.

Conclusión

Nuestra recuperación

Tenemos una visión demasiado vaga de nuestra enfermedad. Carecemos de noticias locales que nos ayuden a prestar atención al campo, a los barrios, a la realidad. Las vallas publicitarias de hospitales que flanquean las carreteras y los anuncios de fármacos en televisión nos presentan un mensaje optimista sobre la tecnología mientras nuestra enfermedad sigue agravándose. Es importante que dispongamos de un tratamiento o una medicación. Pero todavía es más importante que conozcamos nuestros problemas, que los médicos tengan la autoridad necesaria, que dispongamos de tiempo para estar con nuestros hijos y que tengamos derecho a la asistencia sanitaria. Ninguna propaganda puede disimular el dato esencial de la medicina mercantilizada de Estados Unidos: pagamos una prima inmensa por el privilegio de morir más jóvenes.[1]

El complejo médico industrial defiende que nuestra enfermedad es la única realidad posible. Los grupos de presión, los especialistas en relaciones públicas y su infame multitud de memes en internet nos dirán que no nos podemos permitir cambiar, que es demasiado caro escuchar a los médicos, criar humanamente a los hijos, descubrir la verdad y disfrutar de buena salud. Nos explicarán que la libertad es todo lo contrario: someter nuestro cuerpo al principio de que alguien, en algún sitio, que no sabe nada de medicina y a quien no importamos nada, va a sacar el máximo provecho económico de nuestro cuerpo con el menor esfuerzo posible. Un país libre, nos dicen, es aquel en el que un número cada vez menor de personas obtiene cada vez más riqueza de unas personas cada vez más enfermas.

Esto es mentira.

La idea de que la medicina como negocio es eficiente, incluso en términos económicos, es ridícula. Es absurdo decir que nuestro sistema actual es rentable. La asistencia sanitaria nos cuesta mucho más dinero que a los habitantes de países comparables y obtenemos mucho menos a cambio. Un fracaso de la salud pública, la epidemia de coronavirus, ha costado a los contribuyentes billones de dólares y ha pulverizado toda la economía. No lo olvidemos. Dejar que la gente enferme es rentable para algunos sectores –que son los que defienden el sistema actual–, pero hace que el país se empobrezca y la economía se contraiga. Que los *millennials* tengan peor salud significa unas décadas por delante más tristes para ellos, unas jubilaciones más cortas y más pobres para la generación X y menos prosperidad para todos. Una asistencia sanitaria demasiado cara no sirve. Casi la mitad de los estadounidenses evitan ir al médico porque no pueden pagar el tratamiento. Decenas de millones no tienen seguro y decenas de millones más tienen un seguro que es insuficiente. Yo tenía un seguro aceptable y, aun así, tuve que pagar miles de dólares de gastos inesperados. Como todavía estaba hospitalizado cuando empezaron a llegar las facturas, me cobraron recargos sobre unos honorarios que no tenían ni que haber existido. Estas argucias económicas nos perjudican a todos.[2]

Hay cosas mucho peores, por supuesto. Con la epidemia de coronavirus, decenas de millones de estadounidenses perdieron el seguro porque perdieron el empleo. Y el hecho de que los parados se quedaran al margen perjudicó a todos.[3] Como no contaron con un diagnóstico, propagaron la enfermedad, y, como no recibieron tratamiento, sufrieron y murieron. Como, en nuestro sistema, la baja por enfermedad es escandalosamente breve, se puso en peligro a todo el mundo. La gente fue a trabajar enferma para no perder el empleo y propagó la infección. Todas estas cosas son claras anomalías y completamente evitables.

Es preciso restablecer el equilibrio entre soledad y solidaridad. Uno de los motivos de que estemos tan solos

en este país es que no sabemos hablar del mal que nos
aqueja. Si ponernos en manos de la medicina no provo-
cara angustia por el dinero y la situación personal, acu-
diríamos más a que nos tratasen para curarnos. Si todos
tuviéramos acceso a médicos y enfermeros de confianza, nos sería más fácil salir adelante y llevarnos bien.
El derecho a la asistencia sanitaria no solo es una
base imprescindible para tener mejor tratamiento y
una vida más larga, sino también un paso adelante hacia una sociedad más justa en la que todos seamos más
libres. Si el trabajo de médico fuera una vocación en vez
de un empleo, si se cambiaran las normas para que los
consultorios pequeños pudieran competir con los hospitales gigantescos, todos estaríamos más sanos. Nos
alejaríamos de la política del sufrimiento. La ansiedad
y el miedo no son necesarios. Nuestra enfermedad se
puede curar.

La solidaridad quiere decir que todo el mundo parti-
cipe, que nadie se quede fuera. Una de las causas de
nuestra enfermedad es la drástica desigualdad de riqueza que separa las experiencias de un grupo muy redu-
cido de las de todos los demás. Como sabía Platón, así
es como la democracia se convierte en oligarquía, en el
gobierno de los ricos.[4] Cuando el dinero es el único objetivo, los valores desaparecen y la gente imita a los oligarcas. Lo hacemos cuando admiramos sus fantasías de
inmortalidad en vez de preguntarnos por qué hay que

acortar nuestras propias vidas. Cuando consentimos los sueños de los ultrarricos, creamos lo que Platón llamaba «una ciudad de ricos» y «una ciudad de pobres». Cuando convertimos una crisis de salud pública en una oportunidad para los milmillonarios, agravamos nuestra enfermedad. Cuando pasamos por alto los miles de millones que tienen guardados nuestros oligarcas en paraísos fiscales, perdemos la posibilidad de ser más sanos y libres. En las primeras semanas de la pandemia, mientras más de veinte millones de estadounidenses perdían su empleo, los multimillonarios aumentaron su riqueza conjunta en 282.000 millones de dólares.[5]

Debemos considerar que la asistencia sanitaria es un derecho, tomar en serio a los que saben de medicina y a los que conocen su entorno, dedicar tiempo a los niños y dar el control a los médicos. Poner en práctica estas lecciones costará dinero, pero ahorrará mucho más en años venideros. La cuestión no es cuánto costaría, sino lo inmensos que serían los beneficios. Una salud pública sólida rebaja los costes médicos y el peligro de pandemias que destruyen la economía. Invertir en la infancia significa menos enfermedades físicas y mentales años después, menos condenas a prisión y menos vidas rotas. Significa más riqueza para los jubilados.

La mayor parte de la industria de los seguros se limita a recaudar las rentas de la enfermedad, como el *troll* que cobra el peaje en el puente.[6] Las ganancias de los *trolls* se incluyen erróneamente en el producto interior bruto, a pesar de que no son proveedores de ningún bien ni de ningún servicio. La lógica económica dice que hay que eliminar al intermediario siempre que sea posible, y sabemos cómo es posible en este caso: con un sistema de pagador único como base y seguros privados de forma marginal. Otros países en los que la gente vive más tiempo han demostrado que eso funciona. Miles de médicos lo han defendido.[7] Si cruzamos todos el puente hacia la salud, los *trolls* no podrán detenernos.

Una economía de mercado como la nuestra funciona mejor cuando se cuida bien de la gente. Si queremos libertades, no debemos sacrificar la libertad humana a los dogmas del mercado, sino hacer que los mercados la faciliten. El más influyente de los economistas del mercado, Friedrich Hayek, se oponía al oligopolio, la propiedad en manos de unos pocos, que comparaba con la planificación central de los soviéticos.[8] Nuestro sector médico industrial es una serie de oligopolios. Nuestro sector de los macrodatos también es una serie de oligopolios. Hayek tiene razón: habría que romperlos. En su obra más famosa, *The Road to Serfdom*,[9] se mostraba preocupado por la «clase media desposeída» que está creando la medicina mercantilizada. Daba por descontado que en los países civilizados todos los habitantes tendrían acceso a la asistencia sanitaria: «El argumento en favor de que el Estado ayude a organizar un sistema general de seguridad social –escribió– es muy poderoso». Sabía que «no existe contradicción entre el hecho de que el Estado ofrezca así más seguridad y la protección de la libertad individual». De hecho, las políticas adecuadas nos hacen más libres precisamente porque nos dan más seguridad. Esto es especialmente cierto en el caso de los niños. Nuestro país será más libre si creamos unas estructuras que nos permitan pasar tiempo con nuestros hijos ahora. Mientras tanto, los servicios y derechos que necesitamos para ser buenos padres no distorsionarían el mercado, sino que lo perfeccionarían. No tiene ningún sentido que las madres y los padres de niños pequeños tengan que dejar su trabajo y buscar otro nuevo porque no disfrutan de suficientes permisos parentales, bajas de enfermedad y vacaciones. Esa situación les provoca estrés y genera costes para sus empleadores. Hay una pérdida incesante e innecesaria de personas capacitadas y se acumulan más costes por la necesidad constante de formar a otras personas. Los empleados que tienen derecho a una baja por enfermedad, permiso parental y vacaciones son más felices y más productivos. Y también son más libres.

Lo que damos por sentado puede cambiar rápidamente a mejor. También puede cambiar rápidamente a peor. Tenemos que escoger. Es fácil dar dinero a las personas indebidas durante una pandemia, igual que es fácil ceder la libertad en cualquier momento. Hay que trabajar mucho para ser libres y ser valientes para ver la oportunidad. Esta crisis es una ocasión de reflexionar sobre lo posible. La asistencia sanitaria debe ser un derecho, los médicos deben estar dotados de autoridad, debemos ir en busca de la verdad y los niños deben ver un Estados Unidos mejor.

Empecemos nuestra recuperación.

Epílogo

Rabia y empatía

Incluso después de dejar atrás lo peor de la infección, tardé semanas en dormir por la noche. Todavía sentía hormigueo en las manos y los pies, y el costado derecho me dolía por las operaciones. Me despertaban los enfermeros y las preocupaciones. Durante las largas noches de enero en el hospital pensaba en mi casa, en la ciudad de Nueva Inglaterra en la que vivo y en la parte del Medio Oeste de la que procedo. Para que pudiera oír música, mi mujer me llevó unos auriculares y encontró un viejo teléfono móvil negro cuyo cristal se había roto hacía años con un adoquín en Kiev. Ahora, cuando me encuentro mejor, escucho música que antes no conocía; pero en la habitación del hospital, tras la persiana echada, en medio de las máquinas, con el brazo y el pecho llenos de tubos, quería oír cosas conocidas.

Así que pasaba las noches con Lucinda Williams, escuchando *Car Wheels on a Gravel Road*. La canción me recordaba lo enorme que es nuestro país, desde mi cama de un hospital urbano junto al océano Atlántico y la Interestatal 95 hasta todos los rincones hacia el sur y el oeste en los que termina el asfalto. Pensaba en el ruido de los neumáticos de una camioneta sobre la grava, que oía con gran claridad cuando era niño e iba montado en la parte de atrás buscando ciervos en los campos de maíz. La canción habla de marcharse con prisa y tristeza; una niña tiene tierra en el rostro, mezclada con lágrimas. Es una canción sobre el dolor. Tengo una camioneta roja, una Dodge de 1992, que perteneció a mi abuelo paterno. Me hace compañía en la Costa Este. Para mí, los caminos de grava equivalen al regreso, al traqueteo y el estruendo del caucho en la roca anunciando una vuelta, una recuperación.

Estoy ya en mi casa de New Haven. No puedo llevar a mi hijita a Ohio esta primavera, como le prometí, debido a la pandemia de coronavirus, pero por lo menos estoy vivo y puedo pensar en un futuro con esas perspectivas. Este libro nació de unas notas que tomé en mi diario cuando rabiaba contra una soledad definitiva. Logré vivir esas semanas que anhelaba entonces y escribí. Todavía tengo un agujero en el hígado, aunque ya es más pequeño. Los hígados se curan. Lo más probable es que el mío ya no esté infectado; lo sabré cuando deje de tomar antibióticos. Los nueve orificios que tengo son ya una constelación de cicatrices. Aún siento hormigueo en las plantas de los pies y en la mano izquierda, especialmente en el dedo índice. De aquí a un instante voy a teclear con él el punto final de este libro, no como señal de resignación, sino como síntoma de mejoría.

Incluso después de curarnos, la enfermedad deja un legado de cicatrices y síntomas. Recuperarse no es volver a como estaban antes las cosas. Yo no soy exactamente como era. Mi vocabulario en inglés regresó en ráfagas, como la lluvia de una nube amistosa; ahora hablo y escribo de forma un poco distinta. Los demás idiomas que domino no resultaron afectados; cuando estaba invadido por la sepsis y semiinconsciente, en el camino del aeropuerto al hospital, hablaba polaco; al leer los mensajes de mi esposa, veo que, después de la operación, pedí zanahorias, apio y novelas policiacas en francés. Me afeitaron una buena parte del cuerpo para cirugías, inyecciones, vías y un electrocardiograma, y parte del vello que había sido negro ha vuelto a crecer ya blanco, mientras que parte del que era blanco ha vuelto a crecer negro. Antes me iba a dormir cada noche pensando en la primera taza de café de la mañana siguiente; ahora ni siquiera soporto el olor. El otro día, mientras me preparaba para intervenir ante el Consejo de Seguridad de Naciones Unidas en la que iba a ser mi primera conferencia en medio año, me di cuenta de que se me había olvidado cómo hacerme el nudo de la corbata.[1]

Nunca dejamos la historia totalmente atrás. Podemos aprender de las aspiraciones y los fracasos de nuestro yo en épocas anteriores y crear algo nuevo. No voy a ser nunca más como era antes, y tampoco quiero serlo; he aprendido cosas y por tanto soy mejor. Todavía estoy furioso, no tanto por mí como por todos nosotros. Merecemos la libertad y necesitamos una medicina que funcione. Debería comenzar por la gente esté donde esté, en ciudades o lejos de ellas, cerca de autopistas o en caminos de grava. Debería partir de la premisa de que tenemos derecho a la asistencia sanitaria. ¿Parece un sueño? Que sea el sueño americano.

Independientemente de la parte del país en la que vivamos, de cómo caigamos enfermos, no somos objetos, sino personas, y salimos adelante cuando nos tratan como tales. Cada uno de nosotros lleva una antorcha que arde contra la muerte. Y cada uno de nosotros es un tablón de una balsa que flota a través de la vida con las demás. La salud es nuestra vulnerabilidad común y nuestra oportunidad compartida de ser más libres juntos. Curar nuestra enfermedad enriquecería la vida, extendería la libertad y nos permitiría buscar la felicidad, solos y juntos, en soledad y en solidaridad. Para ser libres necesitamos estar sanos, y para estar sanos nos necesitamos unos a otros.

Agradecimientos

En este libro describo una huida de un sistema médico defectuoso en el que siguen estando muchos otros, en unas condiciones nocivas y agravadas por una pandemia. Estoy agradecido a los médicos, enfermeros, auxiliares de enfermería, técnicos, celadores, limpiadores, trabajadores de cafeterías y pacientes, como yo, que compartieron conmigo un instante, una sonrisa o una idea. Julie Clark Ireland y su familia cuidaron de mí en Florida. Izabela Kalinowska me llevó al hospital en Connecticut. El doctor Stephen Shore me ayudó a comprender mi enfermedad al tiempo que hacía frente a sus propios retos. Tina Bennett me tendió una mano en unos momentos difíciles y Sharon Volckhausen fue a visitarme. Daniel Markovits, Sarah Bilston, Stefanie Markovits y Ben Polak se portaron como amigos leales. Tamar Gendler y Daniel Fedorowycz se ocuparon de mi trabajo cuando yo no podía. Doy las gracias a mis alumnos por haber seguido trabajando en medio de la adversidad y haber sentado un buen ejemplo. Sara Silverstein me inspiró para reflexionar sobre la salud y la historia. Leah Mirakhor y el doctor Navid Hafez me pidieron que escribiera este libro. Tracy Fisher me ayudó con los aspectos prácticos y Will Wolfslau y Aubrey Martinson impulsaron amablemente el proceso de publicación del manuscrito. Tim Duggan ha sido un editor inmejorable, comprensivo, sabio y fidedigno. Elizabeth Bradley, Amanda Cook, Laura Donna, Susan Ferber, el doctor Arthur Lavin, Julie Leighton, Christine Snyder, el doctor E. E. Snyder, Leora Tanenbaum y Dmitri Tymoczko leyeron los borradores. Julianne Kaphar me llevaba sopa y Titus Kaphar entendía lo que quería decir. Jason Stanley corría conmigo cuando yo no podía correr solo. Erin Clark, Milena Lazarkiewicz, Shakila McKnight, Gina Panza, Chelsea Roncato y Sarah Walters dieron clases a mis hijos. Kalev y Talia Snyder no me distrajeron del libro, sino que lo inspiraron. Emile y Alain Stanley fueron buenos amigos para ellos. Agradezco al doctor Njeri Thande su presencia y a Marci Shore que me llevara a casa.

Notas

PRÓLOGO:
SOLEDAD Y SOLIDARIDAD

1. «Comtee of Boston About Abuse of the Town in England 1770», disponible en internet en los National Archives de Estados Unidos.
2. De Madison a Jefferson, 4 de abril de 1800, disponible en internet en los National Archives.
3. La conferencia está grabada: www.dialoguesondemocracy.com/copy-of-timothy-snyder. Yo empiezo a hablar en el minuto 09.15.

INTRODUCCIÓN:
NUESTRA ENFERMEDAD

1. Lenny Bernstein, «U.S. Life Expectancy Declines Again», *The Washington Post*, 29 de noviembre de 2018.

2. Linda Villarosa, «Why America's Black Mothers and Babies Are in a Life-or-Death Crisis», *The New York Times*, 11 de abril de 2018.

3. Moody's Analytics for Blue Cross Blue Shield, *The Economic Consequences of Millennial Health*, 2019.

4. Tomo prestada esta frase de Peter Bach: «The Policy, Politics, and Law of Cancer», conferencia en la Facultad de Derecho de Yale, 9 de febrero de 2018.

5. Frederick Douglass, «West Indian Emancipation», discurso, 3 de agosto de 1857.

LECCIÓN 1:
LA ASISTENCIA SANITARIA ES
UN DERECHO HUMANO

1. La Asociación Americana de Medicina recoge en su web datos sobre disparidades raciales y de otros tipos en la asistencia sanitaria.

2. Véase la lección nueve de *On Tyranny: Twenty Lessons from the Twentieth Century*, Nueva York, Tim Duggan Books, 2017 [ed. española, *Sobre la tiranía: veinte lecciones que aprender del siglo* XX, Barcelona, Galaxia Gutenberg, 2017].

3. Sé que se notificaron mal los resultados porque he leído mi historial médico.

4. Sobre los teléfonos móviles y la concentración, véanse Adrian F. Ward *et al.*, «Brain Drain: The Mere Presence

of One's Own Smartphone Reduces Available Cognitive Capacity», *Journal of the Association for Consumer Research* 2, n.º 2 (2017); Seungyeon Lee *et al.*, «The Effects of Cell Phone Use and Emotion-Regulation Style on College Students' Learning», *Applied Cognitive Psychology*, junio de 2017.

5. Esta no es una mera suposición; he leído mi historial médico y el momento está claro.

6. Traté estos temas con Tony Judt en *Thinking the Twentieth Century*, Nueva York, Penguin, 2012 [ed. española, *Pensar el siglo XX*, Madrid, Taurus, 2012]. Me atrevo a decir que algo que consideramos natural –rivalizar por recibir asistencia sanitaria– es, en realidad, artificial. Hay un tratamiento más amplio en este sentido en Rutger Bregman, *Humankind*, Nueva York, Little, Brown, 2020.

7. Entre ellos está un grupo de médicos de Europa del Este que se dedicaron a la causa de la salud pública internacional después de la Primera Guerra Mundial. El término *medicina mercantilizada* lo he tomado de uno de ellos, Andrija Štampar. Véase el diario de George Vincent, 18 de julio de 1926, Rockefeller Foundation Archives, RG 12. Agradezco la referencia a Sara Silverstein, que está terminando un libro sobre estos médicos.

8. Sobre esta carta y su contexto véase Timothy Snyder, «How Hitler Pioneered Fake News», *The New York Times*, 16 de octubre de 2019. Mi descripción de la visión del mundo que tenía Hitler figura en *Black Earth*, Nueva York, Tim

Duggan Books, 2015 [ed. española, *Tierra negra*, Barcelona, Galaxia Gutenberg, 2015]. Otro de mis libros que trata este tema es *Bloodlands*, Nueva York, Basic Books, 2010, [ed. española, *Tierras de sangre*, Barcelona, Galaxia Gutenberg, 2011].

9. Como sobre casi todos los aspectos de los estudios sobre el Holocausto, Raul Hilberg habla de las enfermedades en el gueto en *The Destruction of the European Jews*, New Haven, Connecticut, Yale University Press, 2003, 1: 271-274 [ed. española, *La destrucción de los judíos europeos*, 2.ª ed., Madrid, Akal, 2020].

10. El relato por antonomasia de lo que pasó en los campos alemanes es el de Nikolaus Wachsmann, *KL: A History of the Nazi Concentration Camps*, Nueva York, Farrar, Straus and Giroux, 2015 [ed. española, *KL: Historia de los campos de concentración nazis*, Barcelona, Crítica, 2017].

11. Golfo Alexopoulos, *Illness and Inhumanity in Stalin's Gulag*, New Haven, Connecticut, Yale University Press, 2017.

12. «Sueño, nutrición, relaciones», tal y como en una ocasión me resumió los fundamentos de la salud una enfermera.

13. C. Lee Ventola, «Direct-to-Consumer Pharmaceutical Advertising: Therapeutic or Toxic?», *P&T* 36, n.º 10 (2011): 669. Véase también Ola Morehead, «The "Good Life" Constructed in Direct-to-Consumer Drug Advertising», manuscrito inédito, 2018.

14. Raj Chetty *et al.*, «The Fading American Dream: Trends in Absolute Income Mobility Since 1940», *Science*, 28 de abril de 2017.

15. Bruce Western y Jake Rosenfeld, «Unions, Norms, and the Rise in U.S. Wage Inequality», *American Sociological Review* 76, n.º 4 (2011): 513-37; Jason Stanley, *How Fascism Works*, Nueva York, Random House, 2018, capítulo 10 [ed. española, *Facha: cómo funciona el fascismo y cómo ha entrado en tu vida*, Barcelona, Blackie Books, 2019].

16. Alana Semuels, «"They're Trying to Wipe Us Off the Map". Small American Farmers Are Nearing Extinction», *Time*, 27 de noviembre de 2019.

17. Matt Perdue, «A Deeper Look at the CDC Findings on Farm Suicides», National Farmers Union, blog, 27 de noviembre de 2018; Debbie Weingarten, «Why Are America's Farmers Killing Themselves?», *The Guardian*, 11 de diciembre de 2018.

18. Sobre Portsmouth, véase Sam Quinones, *Dreamland: The True Tale of America's Opiate Epidemic*. Londres, Bloomsbury, 2016 [ed. española, *Tierra de sueños: la verdadera historia de la epidemia de opiáceos en Estados Unidos*, Madrid, Capitán Swing, 2020].

19. Andrew Gelman y Jonathan Auerbach, «Age-Aggregation Bias in Mortality Trends», *Proceedings of the National Academy of Sciences*, 16 de febrero de 2016.

20. Anne Case y Angus Deaton, «Rising Morbidity and Mortality in Midlife Among White Non-Hispanic Ameri-

cans in the 21st Century», *Proceedings of the National Academy of Sciences*, 8 de diciembre de 2015.

21. J. Wasfy *et al.*, «County Community Health Associations of Net Voting Shift in the 2016 U.S. Presidential Election», *PLOS ONE*, 12, n.º 10 (2017); Shannon Monnat, «Deaths of Despair and Support for Trump in the 2016 Presidential Election», Research Brief, 2016; Kathleen Frydl, «The Oxy Electorate», *Medium*, 16 de noviembre de 2016; Jeff Guo, «Death Predicts Whether People Vote for Donald Trump», *The Washington Post*, 3 de marzo de 2016; Harrison Jacobs, «The Revenge of the "Oxy Electorate" Helped Fuel Trump's Election Upset», *Business Insider*, 23 de noviembre de 2016.

22. Véase la reflexión sobre el sadopopulismo en el capítulo 6 de mi libro *The Road to Unfreedom: Russia, Europe, America*, (Nueva York, Tim Duggan Books, 2018 [ed. española, *El camino hacia la no libertad*, Barcelona, Galaxia Gutenberg, 2018]; asimismo, sobre la contaminación y el propio sacrificio, véase Arlie Hochschild, *Strangers in Their Own Land*, Nueva York, The New Press, 2016 [ed. española, *Extraños en su propia tierra: réquiem por la derecha estadounidense*, Madrid, Capitán Swing, 2018].

23. Jonathan M. Metzl, *Dying of Whiteness*, Nueva York, Basic Books, 2019. El texto fundacional es el libro de W. E. B. Du Bois, *Black Reconstruction*, Nueva York, Harcourt, Brace, 1935.

24. Véanse, por ejemplo, las cartas de Washington a Madison, 14 de octubre de 1793, y de Washington a Jefferson,

11 de octubre de 1793, ambas disponibles en internet en los National Archives de Estados Unidos.

25. En 1793 en Filadelfia. Véase también Danielle Allen, *Our Declaration*, Nueva York, Liveright, 2014.

LECCIÓN 2:
LA RENOVACIÓN EMPIEZA POR LOS NIÑOS

1. Corinne Purtill y Dan Kopf, «The Class Dynamics of Breastfeeding in the United States of America», *Quartz*, 23 de julio de 2017.

2. Para introducciones accesibles a la ciencia, véanse los informes de investigación reunidos por el Centro de Desarrollo Infantil en la Universidad de Harvard.

3. C. Bethell *et al.*, «Positive Childhood Experiences and Adult Mental and Relational Health in a Statewide Sample», *JAMA Pediatrics*, noviembre de 2019.

4. Es útil saber que los fundadores de Amazon y Google asistieron a colegios en los que no estaban permitidas las pantallas y que Steve Jobs mantenía a sus hijos apartados de los dispositivos de su empresa. Nicholas Kardaras, *Glow Kids*, Nueva York, St. Martin's Griffin, 2016, 22-32 [ed. española, *Niños pantalla*, Barcelona, Ediciones Medici, 2019]. No conozco en Silicon Valley a nadie que envíe a sus hijos a un colegio que permita las pantallas. Incluso exigen a las niñeras que se comprometan por escrito a no llevar a su casa productos capaces de crear adic-

ción. Nellie Bowles, «Silicon Valley Nannies Are Phone Police for Kids», *The New York Times*, 26 de octubre de 2018.

5. Barbara Fredrickson, «The Broaden-and-Build Theory of Positive Emotions», *Philosophical Transactions of the Royal Society of London, Biological Sciences*, 29 de septiembre de 2004, 1367-1377.

6. V. Felitti *et al.*, «The Relationship of Childhood Abuse and Household Dysfunction to Many of the Leading Causes of Death in Adults», *American Journal of Preventive Medicine*, mayo de 1998, 245-258.

7. Para una serie de artículos sobre la práctica del desarrollo infantil, véase «Advancing Early Childhood Development: From Science to Scale», *The Lancet*, 4 de octubre de 2016.

8. Heather Boushey, *Finding Time*, Cambridge, Massachusetts, Harvard University Press, 2016.

LECCIÓN 3:
LA VERDAD NOS HARÁ LIBRES

1. Laurie Garrett, «Trump Has Sabotaged America's Coronavirus Response», *Foreign Policy*, 31 de enero de 2020; Oliver Milman, «Trump Administration Cut Pandemic Early Warning Program in September», *The Guardian*, 3 de abril de 2020; Gavin Yamey y Gregg Gonsalves, «Donald Trump: A Political Determinant of Covid-19», *British*

Medical Journal, 24 de abril de 2020; David Quammen, «Why Weren't We Ready for the Coronavirus?», *The New Yorker*, 4 de mayo de 2020.

2. Jimmy Kolker, «The U.S. Government Was Not Adequately Prepared for Coronavirus at Home or Abroad», *American Diplomat*, mayo de 2020.

3. Jerome Adams, tuit, 1 de febrero de 2020.

4. Erin Allday y Matt Kawahara, «First Known U.S. Coronavirus Death Occurred on Feb. 6 in Santa Clara County», *San Francisco Chronicle*, 22 de abril de 2020; Benedict Carey y James Glanz, «Hidden Outbreaks Spread Through U.S. Cities Far Earlier Than Americans Knew, Estimates Say», *The New York Times*, 23 de abril de 2020; Maanvi Singh, «Tracing "Patient Zero": Why America's First Coronavirus Death May Forever Go Unmarked», *The Guardian*, 26 de mayo de 2020.

5. Frank Harrington, «The Spies Who Predicted COVID-19», Project Syndicate, 16 de abril de 2020.

6. Donald Trump, tuit, 24 de enero de 2020.

7. *Ibidem*, tuit, 7 de febrero de 2020.

8. Motoko Rich y Edward Wong, «They Escaped an Infected Ship, but the Flight Home Was No Haven», *The New York Times*, 17 de febrero de 2020.

9. Maegan Vazquez y Caroline Kelly, «Trump Says Coronavirus Will "Disappear" Eventually», CNN, 27 de febrero de 2020.

10. Juliet Eilperin *et al.*, «U.S. Manufacturers Sent Millions of Dollars of Face Masks, Other Equipment to China

Early This Year», *The Washington Post,* 18 de abril de 2020. Véase también Aaron Davis, «In the Early Days of the Pandemic, the U.S. Government Turned Down an Offer to Manufacture Millions of N95 Masks in America», *The Washington Post,* 10 de mayo de 2020.

11. Lauren Aratani, «US Job Losses Pass 40m as Coronavirus Crisis Sees Claims Rise 2.1m in a Week», *The Guardian,* 28 de mayo de 2020.

12. Donald Trump, tuit, 24 de febrero de 2020.

13. Eric Topol, «US Betrays Healthcare Workers in Coronavirus Disaster», *Medscape,* 30 de marzo de 2020; Timothy Egan, «The World Is Taking Pity on Us», *The New York Times,* 8 de mayo de 2020.

14. Según el Centro de Investigaciones sobre el Coronavirus de la Universidad Johns Hopkins, coronavirus.jhu.edu/us-map, página web visitada el 27 de mayo de 2020.

15. Yuval Harari presentó un argumento similar en «The World After Coronavirus», *The Financial Times,* 20 de marzo de 2020. Hobbes lo expresó como sigue: «La falta de ciencia, es decir, la ignorancia de las causas, empuja o más bien obliga a un hombre a depender del consejo y la autoridad de los demás». Thomas Hobbes, *Leviathan,* ed. J. C. A. Gaskin, Oxford, Oxford University Press, 2008 [1651]), 69 [ed. española, *Leviatán,* Barcelona, Deusto, 2018].

16. Joseph Magagnoli *et al.,* «Outcomes of Hydroxychloroquine Usage in United States Veterans Hospitalized

with Covid-19», medRxiv, 16 de abril de 2020; Mayla Gabriela Silva Borba *et al.*, «Effect of High vs. Low Doses of Chloroquine Diphosphate as Adjunctive Therapy for Patients Hospitalized with Severe Acute Respiratory Syndrome Coronavirus 2 (SARS-CoV-2) Infection», *JAMA Network Open*, 24 de abril de 2020; Toluse Olorunnipa, Ariana Eunjung Cha y Laurie McGinley, «Drug Promoted by Trump as "Game-Changer" Increasingly Linked to Deaths», *The Washington Post*, 16 de mayo de 2020.

17. Michael D. Shear y Maggie Haberman, «Health Dept. Official Says Doubts on Hydroxychloroquine Led to His Ouster», *The New York Times*, 22 de abril de 2020; Joan E. Greve, «Ousted U.S. Government Scientist Files Whistleblower Complaint over Covid-19 Concerns», *The Guardian*, 5 de mayo de 2020.

18. Peter Baker, «Trump Moves to Replace Watchdog Who Identified Critical Medical Shortages», *The New York Times*, 1 de mayo de 2020.

19. David Smith, «Coronavirus: Medical Experts Denounce Trump's Latest "Dangerous" Treatment Suggestion», *The Guardian*, 24 de abril de 2020.

20. Platón, *La República*, libro 9. Las investigaciones periodísticas de Edward Lucas lo confirman: «Inside Trump's Coronavirus Meltdown», *The Financial Times*, 14 de mayo de 2020. Zeynep Tufekci opinó lo mismo sobre la primera reacción de China: «How the Coronavirus Revealed Authoritarianism's Fatal Flaw», *The Atlantic*, 22 de febrero de 2020.

21. Gabriella Borter y Steve Gorman, «Coronavirus Found on Cruise Ship as More U.S. States Report Cases», Reuters, 6 de marzo de 2020.

22. «Remarks by President Trump and Vice President Pence at a Meeting with Governor Reynolds of Iowa», WhiteHouse.gov, 6 de mayo de 2020.

23. Kate Rogers y Jonathan Martin, «Pence Misleadingly Blames Coronavirus Spikes on Rise in Testing», *The New York Times*, 15 de junio de 2020; Michael D. Shear, Maggie Haberman y Astead W. Herndon, «Trump Rally Fizles as Attendance Falls Short of Campaign's Expectations», *The New York Times*, 20 de junio de 2020.

24. Khalil Gibran Muhammad, *The Condemnation of Blackness*, Cambridge, Massachusetts, Harvard University Press, 2019, especialmente el capítulo 2.

25. El calendario de la propaganda rusa se encuentra en «Disinformation That Can Kill: Coronavirus-Related Narratives of Kremlin Propaganda», Euromaidan Press, 16 de abril de 2020; véase también la labor continua de la UE vs. Disinfo, euvsdisinfo.eu.

26. Rikard Jozwiak, «EU Monitors See Coordinated COVID-19 Disinformation Effort by Iran, Russia, China», *RFE/RL*, 22 de abril de 2020; Julian E. Barnes, Matthew Rosenberg y Edward Wong, «As Virus Spreads, China and Russia See Openings for Disinformation», *The New York Times*, 28 de marzo de 2020.

27. Alex Isenstadt, «GOP Memo Urges Anti-China Assault over Coronavirus», Politico, 24 de abril de 2020.

28. «China Didn't Warn Public of Likely Pandemic for 6 Key Days», Associated Press, 15 de abril de 2020.

29. Las vacunaciones contra la viruela comenzaron en Inglaterra a principios del siglo XIX gracias a Edward Jenner. Antes ya se conocía en China, la India y el Imperio otomano otra terapia preventiva, la variolización, que consistía en inocular polvo de costras de viruela a personas sanas. La viruela hoy está erradicada gracias a la vacuna.

30. Presento un argumento similar respecto al cambio climático en *Tierra negra*.

31. Tony Judt habló conmigo sobre la política del miedo en *Pensar el siglo XX*.

32. Las primeras doce personas que fallecieron en San Luis eran negras. Una enfermera negra murió después de que su propio hospital le negara asistencia cuatro veces. Los afroamericanos constituyeron el 40% de las víctimas iniciales en Detroit, el 67% en Chicago, el 70% en Luisiana. Véanse Ishena Robinson, «Black Woman Dies from Coronavirus After Being Turned Away 4 Times from Hospital She Worked at for Decades», *The Root*, 26 de abril de 2020; Fredrick Echols, «All 12 COVID-19 Deaths in the City of St. Louis Were Black», *St. Louis American*, 8 de abril de 2020; Khushbu Shah, «How Racism and Poverty Made Detroit a New Coronavirus Hot Spot», Vox, 10 de abril de 2020. Véanse también Sabrina Strings, «It's Not Obesity. It's Slavery», *The New York Times*, 25 de mayo de 2020; Rashad Robinson, «The Racism That's Pervaded the U.S.

Health System for Years Is Even Deadlier Now», *The Guardian*, 5 de mayo de 2020.

33. Betsy Woodruff Swan, «DOJ Seeks New Emergency Powers amid Coronavirus Pandemic», Politico, 21 de marzo de 2020.

34. Julian Borger, «Watchdog Was Investigating Pompeo for Arms Deal and Staff Misuse Before Firing», *The Guardian*, 18 de mayo de 2020; Veronica Stracqualursi, «Who Trump Has Removed from the Inspector General Role», CNN, 16 de mayo de 2020.

35. Donald Trump, *Fox and Friends*, 30 de marzo de 2020. Para una historia detallada de las interferencias extranjeras en elecciones democráticas, véase David Shimer, *Rigged*, Nueva York, Knopf, 2020.

36. Tuits del 17 de abril de 2020.

37. Amartya Sen planteó este argumento a propósito de las hambrunas. Sobre la enfermedad, véase Thomas Bollyky *et al.*, «The Relationships Between Democratic Experience, Adult Health, and Cause-Specific Mortality in 170 Countries Between 1980 and 2016», *The Lancet*, 20 de abril de 2019; también «Diseases Like Covid 19 Are Deadlier in Non-Democracies», *The Economist*, 18 de febrero de 2020.

38. Shefali Luthra, «Trump Wrongly Said Insurance Companies Will Waive Co-pays for Coronavirus Treatments», Politifact, 12 de marzo de 2020; Carol D. Leonnig, «Private Equity Angles for a Piece of Stimulus Windfall», *The Washington Post*, 6 de abril de 2020.

39. Réka Kinga Papp, «Orbán's Political Product», *Eurozine*, 3 de abril de 2020; Andrew Kramer, «Russian Doctor Detained After Challenging Virus Figures», *The New York Times*, 3 de abril de 2020; Andrew Kramer, «"The Fields Heal Everyone": Post-Soviet Leaders' Coronavirus Denial», *The New York Times*, 2 de abril de 2020; «Philippines: President Duterte Gives 'Shoot to Kill' Order amid Pandemic Response», Amnesty International, 2 de abril de 2020; «In Turkmenistan, Whatever You Do, Don't Mention the Coronavirus», *RFE/RL*, 31 de marzo de 2020.

40. Las cifras chinas resultan increíbles. Rusia parece ocultar el número de muertos. «MID RF prizval FT i NYT», *RFE/RL*, 14 de mayo de 2020; Matthew Luxmoore, «Survey: 1 in 3 Russian Doctors Told to "Adjust" COVID-19 Stats», *RFE/RL*, 22 de mayo de 2020; Anna Łabuszewska, «Defilada zwycięstwa nad koronawirusem i czeczeński pacjent», *Tygodnik Powszecnhy*, 23 de mayo de 2020. Véase también Manas Kaiyrtayuly, «Kazakh COVID-19 Cemetery Has More Graves Than Reported Coronavirus Victims», *RFE/RL*, 25 de mayo de 2020.

41. «"It's Horrific": Coronavirus Kills Nearly 70 at Massachusetts Veterans' Home», *The Guardian*, 28 de abril de 2020; Candice Choi y Jim Mustian, «Feds Under Pressure to Publicly Track Nursing Home Outbreaks», Associated Press, 15 de abril de 2020.

42. Kathleen McGrory y Rebecca Woolington, «Florida Medical Examiners Were Releasing Coronavirus Death

Data. The State Made Them Stop», *Tampa Bay Times*, 29 de abril de 2020.

43. Maggie Koerth, «The Uncounted Dead», FiveThirtyEight, 20 de mayo de 2020.

44. Pueden verse unos análisis importantes en Shoshana Zuboff, *The Age of Surveillance Capitalism*, Londres, Profile Books, 2019 [ed. española, *La era del capitalismo de la vigilancia*, Barcelona, Paidós, 2020]; Franklin Foer, *World Without Mind*, Nueva York, Penguin, 2017 [ed. española, *Un mundo sin ideas*, Barcelona, Paidós, 2017]; también Naomi Klein, «How Big Tech Plans to Profit from the Pandemic», *The Guardian*, 10 de mayo de 2020.

45. Por supuesto, los macrodatos pueden utilizarse para otros propósitos no relacionados con los beneficios económicos, pero su uso en sanidad exige unos esfuerzos deliberados que apenas están comenzando. Para un análisis equilibrado, véase Adrian Cho, «Artificial Intelligence Systems Aim to Sniff Out Signs of COVID-19 Outbreaks», *Science*, 12 de mayo de 2020.

46. Shikha Garg *et al.*, «Hospitalization Rates and Characteristics of Patients Hospitalized with Laboratory-Confirmed Coronavirus Disease 2019-COVID-NET, 14 States, March 1-30, 2020», *CDC Morbidity and Mortality Weekly Report*, 17 de abril de 2020; Bertrand Cariou *et al.*, «Phenotypic Characteristics and Prognosis of Inpatients with COVID-19 and Diabetes: The CORONADO Study», *Diabetologia*, 7 de mayo de 2020.

47. Safiya Umoja Noble, *Algorithms of Oppression*, Nueva York, NYU Press, 2018; Virginia Eubanks, *Automating Inequality*, Nueva York, St. Martin's, 2017.

48. Sabíamos qué ciudades estaban infectadas por la (siniestra) recogida masiva y encubierta de temperaturas corporales con termómetros inteligentes, pero eso fue *a posteriori*. Véase Edward Lucas, *Cyberphobia*, Nueva York, Bloomsbury, 2015; Roger McNamee, *Zucked*, Londres, Penguin, 2019; Nicholas Carr, *The Shallows*, Nueva York, W. W. Norton, 2011 [ed. española, *Los superficiales*, Barcelona, Debolsillo, 2018].

49. Abordo la política digital en «What Turing Told Us About the Digital Threat to a Human Future», *The New York Review Daily*, 6 de mayo de 2019; y en la versión alemana, ampliada, *Und wie elektrische Schafe träumen wir. Humanität, Sexualität, Digitalität*, Viena, Passagen, 2020. Véanse Brett Frischmann y Evan Selinger, *Re-engineering Humanity*, Cambridge, Cambridge University Press, 2018; Jaron Lanier, *Ten Arguments for Deleting Your Social Media Accounts Right Now*, Nueva York, Henry Holt, 2018 [ed. española, *Diez razones para borrar tus redes sociales de inmediato*, Barcelona, Debate, 2020]; Martin Burckhardt, *Philosophie der Maschine*, Berlín, Matthes and Seitz, 2018.

50. Véase Michel Foucault, «Discourse and Truth: The Problematization of Parrhesia», conferencias de 1983, disponible en foucault.info; véase también Kieran Williams, *Václav Havel*, Londres, Reaktion Books, 2016; Marci

Shore, «A Pre-History of Post-Truth, East and West», *Eurozine*, 1 de septiembre de 2017.

51. Véase el análisis de Lee McIntyre, *Post-Truth*, Cambridge, Massachusetts, MIT Press, 2018, 80-118 [ed. española, *Posverdad*, Madrid, Cátedra, 2018].

52. Sheera Frenkel, Ben Decker y Davey Alba, «How the 'Plandemic' Movie and Its Falsehoods Spread Widely Online», *The New York Times*, 20 de mayo de 2020; Jane Lytvynenko, «The 'Plandemic' Video Has Exploded Online», BuzzFeed, 7 de mayo de 2020.

53. Véanse todos los trabajos de Penelope Muse Abernathy, www.usnewsdeserts.com; también Margaret Sullivan, *Ghosting the News*, Nueva York, Columbia Global Reports, 2020.

54. Charles Bethea, «Shrinking Newspapers and the Costs of Environmental Reporting in Coal Country», *The New Yorker*, 26 de marzo de 2019.

55. Katelyn Burns, «The Trump Administration Wants to Use the Coronavirus Pandemic to Push for More Deregulation», Vox, 21 de abril de 2020; Emily Holden, «Trump Dismantles Environmental Protections Under Cover of Coronavirus», *The Guardian*, 11 de mayo de 2020; Emily Holden, «U.S. Lets Corporations Delay Paying Environmental Fines amid Pandemic», *The Guardian*, 27 de mayo de 2020. La contaminación parece ser uno de los motivos por los que están muriendo tantos afroamericanos de COVID-19. Véase Linda Villarosa, «'A Terrible Price': The Deadly Racial Disparities of Covid-19 in America», *The New York Times*, 29 de abril de 2020.

56. William C. Becker y David A. Fiellin, «When Epidemics Collide: Coronavirus Disease 2019 (COVID-19) and the Opioid Crisis», *Annals of Internal Medicine*, 2 de abril de 2020.

57. Un ejemplo: «Remembering Vermonters Lost to the Coronavirus», VTDigger. Cuando las autoridades rurales comprendieron que nos encontrábamos en medio de una pandemia, la falta de periódicos hizo que fuera difícil transmitir unas directrices sanitarias.

58. Véase Timothy Snyder, *Road to Unfreedom* [*El camino hacia la no libertad*], así como Peter Pomerantsev, *Nothing Is True and Everything Is Possible*, Nueva York, Public Affairs, 2015 [ed. española, *La nueva Rusia: nada es verdad y todo es posible en la era de Putin*, Barcelona, RBA, 2017]; y Anne Applebaum, *Twilight of Democracy*, Londres, Penguin, 2020. Tres puntos de referencia son el ensayo de George Orwell, *The Politics of the English Language* (1946), el de Hannah Arendt, «Truth and Politics» (1967) [ed. española, «Verdad y política», en el libro *Verdad y mentira en la política*, Barcelona, Página Indómita, 2017] y el de Václav Havel, «The Power of the Powerless» (1978) [ed. española, *El poder de los sin poder*, Madrid, Encuentro, 2013].

LECCIÓN 4:
LOS MÉDICOS DEBEN ESTAR AL MANDO

1. Ver Rivka Galchen, «The Longest Shift», *The New Yorker*, 27 de abril de 2020.

2. Lovisa Gustafsson, Shanoor Seervai y David Blumenthal, «The Role of Private Equity in Driving Up Health Care Prices», *Harvard Business Review*, 29 de octubre de 2019.

3. Stephen Gandel y Graham Kates, «Phunware, a Data Firm for Trump Campaign, Got Millions in Coronavirus Small Business Help», CBS News, 23 de abril de 2020.

4. Lee Fang, «Small Business Rescue Money Flowing to Major Trump Donors, Disclosures Show», *Intercept*, 24 de abril de 2020.

5. Aaron Leibowitz, «Approved for $2M Federal Loan, Fisher Island Now Asking Residents Whether to Accept It», *Miami Herald*, 23 de abril de 2020.

6. Pema Levy, «How Health Care Investors Are Helping Run Jared Kushner's Shadow Coronavirus Task Force», *Mother Jones*, 21 de abril de 2020.

7. Susan Glasser, «How Did the U.S. End Up with Nurses Wearing Garbage Bags?», *The New Yorker*, 9 de abril de 2020.

8. Marci Shore, entrevistada por Michaela Terenzani, «American Historian: Our Enormous Wealth Means Little Without a Public Health System», *The Slovak Spectator*, 8 de abril de 2020.

9. Theresa Brown, «The Reason Hospitals Won't Let Doctors and Nurses Speak Out», *The New York Times*, 21 de abril de 2020; Nicholas Kristof, «"I Do Fear for My Staff", a Doctor Said. He Lost His Job», *The New York Times*, 1 de abril de 2020.

10. Patrice A. Harris, «AMA Backs Physician Freedom to Advocate for Patient Interests», 1 de abril de 2020.

11. Dan Horn y Terry DeMio, «Health Care Workers in Ohio Are Testing Positive for COVID-19 at an Alarming Rate», *The Cincinnati Enquirer*, 13 de abril de 2020.

12. Michael Schwirtz, «A Brooklyn Hospital Mourns the Doctor Who Was "Our Jay-Z"», *The New York Times*, 18 de mayo de 2020.

13. Ali Watkins *et al.*, «Top E.R. Doctor Who Treated Virus Patients Dies by Suicide», *The New York Times*, 27 de abril de 2020.

14. Para un total, como mínimo, de 9.282 sanitarios fallecidos en las ocho primeras semanas, véase CDC, «Characteristics of Health Care Personnel with COVID-19-United States, February 12-April 9», 17 de abril de 2020. Véase MedPage Today, donde actualizan la lista de sanitarios fallecidos.

15. Michael Rothfeld, Jesse Drucker y William K. Rashbaum, «The Heartbreaking Last Texts of a Hospital Worker on the Front Lines», *The New York Times*, 15 de abril de 2020.

16. Rebecca Rivas, «Nurse Judy Wilson-Griffin», *The St. Louis American*, 20 de marzo de 2020.

17. Véase el artículo de *The Guardian*, «Lost on the Frontline», con este y otros perfiles.

18. Tracy Tulley, «"The Whole Place Is Sick Now": 72 Deaths at a Home for U.S. Veterans», *The New York Times*, 10 de mayo de 2020.

19. Algo similar puede decirse a propósito de los respiradores. Uno de los motivos por los que hubo escasez es que solo se fabrican los más caros y complicados. Cuando el gobierno federal intentó contratar a una empresa para que fabricara unos respiradores más sencillos y baratos, la empresa fue adquirida por otra que fabricaba el modelo más caro. Véase Shamel Azmeh, «The Perverse Economics of Ventilators», Project Syndicate, 16 de abril de 2020.

20. La conquista de la naturaleza no solo crea el riesgo de epidemias de virus zoonóticos como el VIH, el SARS, el MERS y el nuevo coronavirus. La disminución real de los mamíferos de la tierra a unas cuantas razas de unas cuantas especies crea las condiciones ideales para que estallen epidemias entre los animales de los que nos alimentamos. En la actualidad, aproximadamente el 66% de toda la biomasa mamífera consiste en ganado domesticado y otro 30% somos los humanos, lo que significa que todos los mamíferos salvajes juntos no representan más que el 4%. Que llegue la peste porcina africana a Estados Unidos es solo cuestión de tiempo. Véase Olivia Rosane, «Humans and Big Ag Livestock Now Account for 96 Percent of Mammal Biomass», EcoWatch, 28 de mayo de 2018; Greg Cima, «Guarding

Against an Outbreak, Expecting Its Arrival», *JAVMA News*, 1 de mayo de 2020.

21. Elizabeth Cohen, «10 Ways to Get Your Child the Best Heart Surgeon», CNN, 4 de agosto de 2013; Kristen Spyker, «Heterotaxy Syndrome», blog, notas del 11 de marzo y el 6 de abril de 2012.

22. Jerome Groopman, «The Cutting Edge», *The New Yorker*, 20 de abril de 2020; también su libro *How Doctors Think*, Nueva York, Houghton Mifflin, 2007, especialmente las partes en las que relata su propia cirugía de espalda.

23. Elizabeth Schumacher, «Big Pharma Nixes New Drugs Despite Impending "Antibiotic Apocalypse"», Deutsche Welle, 14 de septiembre de 2019; «A Troubling Exit: Drug Company Ends Antibiotics Research», *Star-Tribune*, 20 de julio de 2018.

24. Siddhartha Mukherjee, «What the Coronavirus Reveals About American Medicine», *The New Yorker*, 27 de abril de 2020.

25. Katherine A. Ornstein *et al.*, «Epidemiology of the Homebound Population in the United States», *JAMA Internal Medicine*, julio de 2015; Tina Rosenberg, «Reviving House Calls by Doctors», *The New York Times*, 27 de septiembre de 2016.

26. Isaac Arnsdorf, «Overwhelmed Hospitals Face a New Crisis: Staffing Firms Are Cutting Their Doctors' Hours and Pay», ProPublica, 3 de abril de 2020.

27. Franklin a Henry Laurens, 12 de febrero de 1784, disponible en internet en los National Archives de Estados Unidos.

28. Jack Healy *et al.*, «Coronavirus Was Slow to Spread to Rural America. Not Anymore», *The New York Times*, 8 de abril de 2020.

29. Suzanne Hirt, «Rural Communities Without a Hospital Struggle to Fight Rising Coronavirus Cases, Deaths», *USA Today*, 15 de mayo de 2020.

30. Healy *et al.*, «Coronavirus Was Slow».

31. K. E. Hauer *et al.*, «Factors Associated with Medical Students' Career Choices Regarding Internal Medicine», *Journal of the American Medical Association*, 10 de septiembre de 2008, 1154-1164.

32. Atul Gawande, *Being Mortal*, Nueva York, Macmillan, 2014, 36-48 [ed. española, *Ser mortal*, Barcelona, Galaxia Gutenberg, 2015].

33. Reed Abelson, «Doctors Without Patients: "Our Waiting Rooms Are Like Ghost Towns"», *The New York Times*, 5 de mayo de 2020.

CONCLUSIÓN:
NUESTRA RECUPERACIÓN

1. Véase Elizabeth H. Bradley y Lauren A. Taylor, *The American Health Care Paradox*, Nueva York, Public Affairs, 2013.

2. Estos cobros inesperados son una forma que tienen las empresas de capital riesgo de obtener beneficios rápidos después de comprar hospitales y cargarlos de deuda; como

consecuencia, más gente se queda sin acceso a la asistencia sanitaria.

3. Robert Reich, «Covid-19 Pandemic Shines a Light on a New Kind of Class Divide and Its Inequalities», *The Guardian*, 26 de abril de 2020.

4. Platón, *La República*, libro 8. Véase también Raymond Aron, *Dix-huit leçons sur la société industrielle*, París, Gallimard, 1962, 55 [ed. española, *Dieciocho lecciones sobre la sociedad industrial*, Barcelona, Seix Barral, 1964].

5. Chuck Collins, Omar Ocampo y Sophia Paslaski, «Billionaire Bonanza», Institute for Policy Studies, abril de 2020. Véase también Chris Roberts, «San Francisco Has 75 Billionaires. Most of Them Aren't Donating to Local COVID-19 Relief», *Curbed*, 30 de abril de 2020.

6. Es una referencia al relato breve *El puente del troll*, de Neil Gaiman, Barcelona, Planeta, 2019 [N. de la T.].

7. Véanse los recursos en la web de Physicians for a National Health Care Program (PNHP), pnhp.org.

8. Friedrich Hayek, *The Road to Serfdom*, ed. Bruce Caldwell, Chicago, University of Chicago Press, 2017 [1944], 207, 215, 148-49 [ed. española, *Camino de servidumbre*, Madrid, Alianza Editorial, 2011].

9. *Camino de servidumbre*, Madrid, Alianza Editorial, 2011

EPÍLOGO:
RABIA Y EMPATÍA

1. Está grabada en www.youtube.com/watch?v=Ohljz-a1fZE&t=1191s; yo empiezo a hablar en el minuto 21.10.